Gerhard Lohfink / Rudolf Pesch

Tiefenpsychologie und keine Exegese

W0188881

Stuttgarter Bibelstudien
129

Herausgegeben von
Helmut Merklein und Erich Zenger

Gerhard Lohfink / Rudolf Pesch

Tiefenpsychologie und keine Exegese

Eine Auseinandersetzung
mit Eugen Drewermann

 Verlag Katholisches Bibelwerk GmbH
Stuttgart

CIP-Kurztitelaufnahme der Deutschen Bibliothek

Lohfink, Gerhard:
Tiefenpsychologie und keine Exegese:
e. Auseinandersetzung mit Eugen Drewermann / Gerhard Lohfink; Rudolf Pesch.
Stuttgart: Verl. Kath. Bibelwerk, 1987
   (Stuttgarter Bibelstudien; 129)
   ISBN 3-460-04291-5

NE: Pesch, Rudolf; GT

ISBN 3-460-04291-5
Gesamtherstellung: Wilhelm Röck GmbH, Weinsberg

Inhaltsverzeichnis

Vorwort

Breite Wellen einer seltsamen Literatur, die von der Esoterik bis
zur Lebenshilfe reicht, spülen seit Jahren in unsere Buchhandlun-
gen: Bücher über Biorhythmik, Reinkarnation, Schamanismus,
Alchemie, Positives Denken, Geistheilung, Außersinnliche Wahrnehmung, Geomantie, Atemtraining, Bioenergetik, die Große
Mutter, Druiden, kreatives Träumen – der Aufzählung wäre kein
Ende. Offenbar finden all diese Bücher begierige Leser. Selbst
christliche Verlage sind in das Geschäft voll eingestiegen. Die
religiös-esoterische Bücherflut mit ihren tiefen Fragwürdigkeiten
wäre freilich nie hochgekommen, wenn die noch immer außerordentlich große Zahl getaufter Christen die Möglichkeit einer lebendigen Glaubenserfahrung hätte. Hierin stimmen inzwischen
viele Diagnostiker überein. Keine Übereinstimmung gibt es hingegen bei den Therapievorschlägen. Sie sind so zahlreich wie die
Therapeuten.
Einer dieser Therapeuten ist Eugen Drewermann. Er möchte mit
seinen Büchern einen Weg weisen, der das erschreckende Erfahrungsdefizit der Christen füllen und die staubige Trockenheit
rationaler Theologie beseitigen könnte. Dieser Weg ist für ihn die
Tiefenpsychologie. Exegese soll, so schlägt er vor, in Zukunft
nicht mehr historisch-kritisch, sondern tiefenpsychologisch arbei-
ten. Sie soll aus ihren Texten nicht mehr Geschichte erheben,
sondern die ewigen Traumbilder, die heilend in der Seele aller
Menschen bereitliegen. Damit aber verwandelt Drewermann, obwohl er es sicher gar nicht will, die Exegese genau in das, wovon
oben die Rede war: in Esoterik und Lebenshilfe. Nicht, daß
Tiefenpsychologie Esoterik wäre. Aber Exegese, auf Tiefenpsychologie reduziert, ist Esoterik. Für Drewermann allerdings ist
das Ganze ein hochtheologisches Programm, und er hat dieses
Programm nicht nur so nebenbei formuliert. Er hat es in einem
monumentalen zweibändigen Werk mit viel Theorie und vielen
praktischen Beispielen sprachgewaltig entfaltet:

Eugen Drewermann, Tiefenpsychologie und Exegese.
Band I: Die Wahrheit der Formen. Traum, Mythos, Märchen,
Sage und Legende (Olten–Freiburg i. Br. 1984, ³1985), 575
Seiten.
Band II: Die Wahrheit der Werke und der Worte. Wunder,
Vision, Weissagung, Apokalypse, Geschichte, Gleichnis (ebd.
1985, ²1986), 851 Seiten.

Das Werk ist für jeden Exegeten eine Provokation. Weshalb?
Nicht, weil die in ihm ausgebreitete Exegese unglaublich einseitig
ist. Das könnte man hinnehmen. Letztlich auch noch nicht, weil es
die historisch-kritische Exegese massiv in Frage stellt. Das haben
schon andere getan, und es gehört zur Wissenschaft, das eigene
Tun immer wieder zu hinterfragen und von anderen hinterfragen
zu lassen. Aber in diesem Werk geschieht mehr. Es löst die Bibel –
in bester Absicht – als Buch geschichtlich ergangener Offenbarung auf und verwandelt sie in eine Sammlung von Identifikations-
texten für menschliche Reifungsvorgänge. Da ist Widerspruch notwendig und zwar mit derselben Deutlichkeit, mit der Drewermann redet.
Die Schrift, die wir hier vorlegen, versteht sich deshalb als ausge-
sprochene Streitschrift. Diese Gattung ist im vergangenen Jahrhundert unter Wissenschaftlern viel häufiger gewesen als in unserem. Vielleicht ist es gut, sie wieder zu beleben. Letztlich geht es
in unserer Streitschrift freilich nicht nur um das Werk Eugen
Drewermanns. Es geht uns genauso sehr um eine Auseinandersetzung mit jenem weitverbreiteten Trend, der heutzutage den christlichen Glauben in ein vages und völlig unverbindliches religiöses
„Angebot" auflöst, das zwischen Religion und Offenbarung nicht
unterscheidet und mit neutestamentlicher Nachfolge nichts mehr
zu tun hat.
Wir selbst durften in der „Integrierten Gemeinde" einen Ort in der
Kirche finden, der uns immer wieder vor die Differenz zwischen
Religion und Offenbarung stellt, die Drewermann bewußt nivel-
liert. Wir fanden dort aber auch eine tiefe Einheit zwischen
Exegese und Leben – also genau das, was Drewermann in der

Kirche vermißt. Nicht zuletzt fanden wir dort das beglückende Miteinander einer ganzen Gruppe von Theologen, die weiter wächst. Dem Gespräch mit diesen Theologen, besonders mit Ludwig Weimer, verdankt das vorliegende Buch viele Anregungen und Hilfen.

Gerhard Lohfink   Rudolf Pesch

München, Ostern 1987

I. Grundlinien der Schriftauslegung bei Eugen Drewermann

1. *Verdammungsurteil über die historisch-kritische Exegese*

Die Reaktionen auf Band I von „Tiefenpsychologie und Exegese" machen verständlich, daß sich Eugen Drewermann gegen den „Eindruck" wehrt, er hätte „die historisch-kritische Methode in sich als illegitim oder als überflüssig hinstellen" wollen (II, 760). Doch nicht nur „bei einer oberflächlichen Lektüre des Buches" (ebd.) drängt sich dieser Eindruck auf. Auch bei wiederholter, genauer Lektüre ist man zu dem Urteil gedrängt, Drewermann halte die historisch-kritische Methode für illegitim. Schließlich hat er „diese Form von ‚Exegese'" als „prinzipiell gottlos, sooft sie auch den Namen ‚Gott' in ihrem Munde führen mag", erklärt (I, 12). Er hat sie „Scheintheologie" (ebd.) genannt und bekräftigt: „Zugeben aber muß man, daß die historisch-kritische Methode keinesfalls eine *theologische* Methode ist noch sein kann" (II, 761).

Wenn der Eindruck, gegen den sich Drewermann wehrt, vielleicht noch nicht einmal dadurch bedingt ist, daß er historische Exegese als „Heuchelei und Mummenschanz" „in theologischer Verkleidung" bezeichnet hat (I, 13), so doch spätestens durch solche Sätze: „Religiös ist eine Auslegung religiöser Texte nur legitim, wenn sie innerlich ist; alles Historische aber ist äußerlich" (I, 13); oder: „Die wesenhafte systematische Zerstörung der Glaubensgrundlagen durch den Geist der Neuzeit erhält in Gestalt der historisch-kritischen Exegese den Charakter methodologischer Unvermeidbarkeit" (II, 770, A.6).

Zwischen solche Spitzensätze ist eine Fülle von aggressiven Äußerungen gespannt, die den Eindruck der rationalen Urteile durch Gefühlsurteile verstärken: „Auflösung der biblischen Theologie in altorientalische Religionsgeschichte" (I, 24), „demonstrativ-mon-

ströse Unbeteiligtheit" (I, 27), „hölzerne, staubige Trockenheit"
(I, 31), „Rationalismus" (I, 43), „Krebsschaden am Leben wie am
Glauben" (I, 60), „geistige Verzweiflungstat" (I, 90), „unsachge-
mäß und infolgedessen gewalttätig" (I, 168), „ungeheure Veräu-
ßerlichung und Enge" und „trockene Staubklopferei" (I, 186) –
alles auf die historisch-kritische Exegese bezogene Äußerungen,
und zudem nur eine kleine Auswahl!

Hält man die historisch-kritische Exegese noch für legitim, wenn
man ihr vorwirft: „Wir stehen nach dem Gesagten nicht mehr an,
die Möglichkeit auch der Entstehung kollektiver Tragödien wie
des Faschismus in Deutschland zu einem nicht geringen Teil mit
der sträflichen Mißachtung und kompletten Ratlosigkeit der
christlichen Theologie, insbesondere der Bibelexegese, der Dogmatik und der Moraltheologie gegenüber den archetypischen Inhalten ihrer eigenen Tradition in Verbindung zu bringen, und
dasselbe läßt sich von der Naturfeindlichkeit und Friedlosigkeit
des Menschentyps sagen, den gerade das Christentum in der
abendländischen Geistesgeschichte hervorgebracht hat" (I, 247)?
Daß die von solchem Urteil Betroffenen mit den guten Worten zur
Exegese, die man in Drewermanns Werk auch findet, nicht zu-
rechtkommen, ist wohl verständlich.

Nach Drewermann ist die Exegese von „existentieller Belanglosigkeit" (I, 248); sie bewirkt mit „ihrer einseitigen, ja ausschließlichen
Fixierung auf äußere Tatsachen" (I, 340) „psychische Verwüstung" und „strukturelle Gewalttätigkeit" (I, 248). Die Exegese
trägt die Hauptschuld daran, daß „man die Theologie heute als ein
bloßes Derivat echten Wissens in dem sektiererhaften Status einer
bloßen Randwissenschaft dahinvegetieren" sieht (II, 14), im „Getto ihrer geistigen Beziehungs- und Belanglosigkeit" (II, 15), wo
„das viele Reden von Gott gottlos, das Sprechen vom Geiste
geistlos" (II, 16f) ist.

Wieso soll die historisch-kritische Exegese noch legitim sein, wenn
sie doch „notgedrungen jeden existentiellen Ernst aus ihrer Betrachtungsweise entfernen" muß: „Mit Hilfe eines retrospektiven
Tricks beginnt sie stets dort, wo die wahre Auseinandersetzung
des menschlichen Lebens niemals stattfindet" (II, 22); „sie ver-

pflichtet existentiell zu nichts; sie erlaubt es, ohne schamrot zu werden, für ein reiches Gehalt, in Samt gekleidet, mit akademischen Titeln und Würden umkränzt, darüber zu ‚handeln‘, wie Jesus arm war und mit seiner Art einer grenzenlosen Liebe und Güte als wahnsinnig betrachtet wurde..." (II, 23)?

Nach Drewermann führt die Exegese „als Methode, nicht erst in ihren Ergebnissen, sondern in ihrer geistigen Grundlage, den katholischen Objektivitätsanspruch *ad absurdum*" (II, 72). Sie ist „ein verspäteter Bastard des Rationalismus und Säkularismus der Neuzeit" (II, 123), sie verhindert „*als Methode*, daß man das jeweilige Wort so aufnimmt, wie es religiös unbedingt verstanden werden muß: vollkommen *innerlich*" (II, 671).

Drewermann betont, „daß die historisch-kritische Methode keinesfalls eine *theologische* Methode ist noch sein kann" (II, 761). Sein letztes Wort zur Sache lautet: „Der schlimmste Vorwurf, den man der historisch-kritischen Methode machen muß, besteht darin, daß sie nicht nur dem Leid und der Not der Menschen vollkommen passiv gegenübersteht, sondern daß sie das Leid und die Not der Menschen aktiv vermehrt, indem sie als Methode eben diejenigen Aufspaltungen akzeptiert und instrumentalisiert, die in der Gegenwart unzählige Leiden schaffen und unheilbar machen müssen" (II, 785).

Daß Drewermann dem Eindruck, er habe die historisch-kritische Methode als illegitim hinstellen wollen, nachträglich wehren möchte, ist verständlich. Aber der Eindruck ist, wie wir kurz belegt haben, nicht zu Unrecht entstanden. Das Seltsame ist, daß sich Drewermann dann, wenn es ihm entgegenkommt, doch wieder auf Ergebnisse der historisch-kritischen Exegese stützt.

Solche Widersprüchlichkeit zeigt an, daß sein Verhältnis zur historisch-kritischen Methode letztlich ungeklärt ist. In seiner „Anamnese und Prognose der historisch-kritischen Methode" (I, 28–47) erklärt er, die historisch-kritische Exegese habe sich im vorigen Jahrhundert an drei methodische Axiome gebunden – das Gesetz der historischen Restriktion, das Gesetz der kausalen Reduktion und das Gesetz der Rationalität und „Objektivität" – und sich so in Analogie zur Naturwissenschaft konstituiert. Drewermann meint, daß diese Vorentscheidung zur „verhängnisvollen Ausklammerung des Unbewußten" (I, 30) geführt habe und damit zur Eliminierung aller „eigentlich theologischen Züge aus der Hl. Schrift als unhistorisch" (I, 31). Dabei unterstellt er, daß nur die psychischen Realitäten theologische Relevanz hätten.

Ohne auf die lange Geschichte der Verhältnisbestimmung von Exegese und Dogmatik einzugehen und ohne die vielen Versuche zu würdigen, die das Verhältnis dieser beiden theologischen Disziplinen positiv deuten, dekretiert Drewermann schließlich, die Exegese stehe „als rein historische Wissenschaft in *prinzipiellem* Gegensatz zur Dogmatik" (I, 35). Er tut dabei so, als hätten weder die Exegeten noch er selbst zur Kenntnis genommen, was die Offenbarungskonstitution des Vaticanum II über die Exegese gesagt hat: „Da Gott in der Heiligen Schrift durch Menschen nach Menschenart gesprochen hat, muß der Schrifterklärer, um zu erfassen, was Gott uns mitteilen wollte, sorgfältig erforschen, was die heiligen Schriftsteller wirklich zu sagen beabsichtigten und was Gott mit ihren Worten kundtun wollte. Um die Aussageabsicht der Hagiographen zu ermitteln, ist neben anderem auf die literarischen Gattungen zu achten. Denn die Wahrheit wird je anders dargelegt und ausgedrückt in Texten von in verschiedenem Sinn geschichtlicher, prophetischer oder dichterischer Art, oder in anderen Redegattungen. Weiterhin hat der Erklärer nach dem Sinn zu forschen, wie ihn aus einer gegebenen Situation heraus der Hagiograph den Bedingungen seiner Zeit und Kultur entsprechend – mit Hilfe der damals üblichen Gattungen – hat ausdrükken wollen und wirklich zum Ausdruck gebracht hat. Will man richtig verstehen, was der heilige Verfasser in seiner Schrift aussagen wollte, so muß man schließlich genau auf die vorgegebenen umweltbedingten Denk-, Sprach- und Erzählformen achten, die zur Zeit des Verfassers herrschten, wie auf die Formen, die damals im menschlichen Alltagsverkehr üblich waren" (Dei Verbum III, 12).

Weil Drewermann die Gattungen nicht als Sprachformen *(genera dicendi)* gelten läßt und die Offenbarung nicht in der konkreten Geschichte des Handelns und Redens Gottes durch Menschen vermittelt sieht, sondern den Traum zum Ausgangspunkt des Verständnisses religiöser Überlieferung erklärt (I, 99), und weil er ferner die Gattungen nicht mehr einem gesellschaftlichen „Sitz im Leben" zuordnet, sondern der Archetypik zeitloser Bilder der Seele, kann er sich an die vom Vaticanum II formulierte kirchliche Hermeneutik, welche die historisch-kritische Methode zu integrieren sucht, nicht binden.

Daß die Integration der historisch-kritischen Methode nicht leicht ist, daß der exegetische Meinungspluralismus, dem ein vorgängiger methodologischer Wirrwarr entspricht, scheintheologische Ideologienbildung fördert, daß es exegetischen Rationalismus gab und gibt usw., ist unbestritten und unbestreitbar. Das zentrale Problem der historisch-kritischen Exegese ist jedoch nicht dort zu suchen, wo Drewermann es anzutreffen meint. Es liegt bei der historischen und theologischen Urteilsbildung nach dem „Gesetz der Analogie". Der Ausleger urteilt nach der Analogie seiner bzw. der ihm vermittelten Erfahrung. Ohne gegenwärtige Glaubens- und Kirchenerfahrung kann er den Texten, die auf Glaubens- und Kirchenerfahrung des Gottesvolkes des Alten und Neuen Bundes basieren, nicht gerecht werden.

Drewermann fragt nicht nach der Glaubenserfahrung, die zur Formung der überlieferten Texte beitrug, er fragt nicht nach dem in vielerlei Textgattungen überlieferten Glauben, sondern wendet sich einer psychologischen Untersuchung zu und geht der Frage nach, „inwieweit in der Psyche des Menschen selbst zu allen Zeiten Wahrheiten lebendig sind, die überhaupt nur in der Weise etwa des Mythos, des Märchens, der Sage oder der Legende mitgeteilt werden können" (I, 95). Für ihn liefert neben dem Material psychotherapeutischer Praxis hauptsächlich die Religionsgeschichte Analogien zum Verstehen, und so verschreibt er sich mit Hilfe der Tiefenpsychologie im wesentlichen einer *neoreligionsgeschichtlichen Methode*.

Er hofft so, aus der Überlieferung der Religionen der Menschheit und deren tiefenpsychologischer Analyse mehr zu erfahren als aus einer historisch-kritischen Exegese der Schriften des Alten und Neuen Testamentes, obwohl diese gerade erheben will, wie sich

Gott durch Menschen nach Menschenart in deren zeitbedingten Denk- und Redeformen mitgeteilt hat.

Die Absage Drewermanns an die historisch-kritische Methode stützt sich also nicht auf deren Mängel, nicht einmal auf deren angebliche Fraglichkeit. Er verwirft die historisch-kritische Exegese, weil sie sein Programm einer tiefenpsychologischen Hermeneutik stört. Sein Verhältnis zur Bibelwissenschaft zeigt sich freilich nicht nur in prinzipiellen Thesen, sondern auch in seinem *konkreten Umgang* mit der historisch-kritischen Exegese. Hierauf müssen wir nun im folgenden wenigstens kurz eingehen.

2. *Fahrlässiger Umgang mit Ergebnissen der Forschung*

Eugen Drewermann wehrt sich nicht nur gegen den Vorwurf, er habe die historisch-kritische Methode für überflüssig und illegitim erklärt, er schreibt sogar, seine Arbeit setze „im Gegenteil an jeder Stelle der Argumentation die Ergebnisse der historisch-kritischen Methode, vor allem der Formgeschichte, dankbar voraus" (II, 760).

Das Literaturverzeichnis in Bd. I hat eine Abteilung „Exegetisches" (I, 534–537), das Literaturverzeichnis in Bd. II eine Abteilung „Exegese" (II, 797–802) mit den Unterabteilungen „Altes Testament" (II, 797–799) und „Neues Testament" (II, 799–802). Bei einer Durchsicht dieser Literaturverzeichnisse fällt sowohl die Bevorzugung (z. T. älterer) religionsgeschichtlicher Literatur als auch die Beliebigkeit der Literaturauswahl auf. Diese Beobachtung macht skeptisch gegenüber der Behauptung, „an jeder Stelle der Argumentation" seien „die Ergebnisse" der historisch-kritischen Methode vorausgesetzt. Die Rede von „den Ergebnissen" ist angesichts der Meinungsvielfalt, wie sie in der exegetischen Literatur anzutreffen ist, ohnehin fragwürdig. Jeder Rezipient ist darauf angewiesen, sich einer bestimmten Meinung anzuschließen oder sich ein selbständiges Urteil zu bilden.

Würde Drewermann die historisch-kritische Exegese nicht einer-

16

seits außergewöhnlich heftig angreifen, andererseits aber für sich in Anspruch nehmen, ihre Ergebnisse bei seiner Arbeit vorauszusetzen, könnte man seinen Umgang mit ihr auf sich beruhen lassen. Doch so sind wir gehalten, kritisch nachzuprüfen, ob Drewermanns Anspruch, die Ergebnisse der historisch-kritischen Methode überall vorauszusetzen, wirklich stimmt. Da er sich besonders auf die Formgeschichte beruft, ist festzustellen, daß er sich nur auf deren Begründer (im Bereich der neutestamentlichen Exegese Rudolf Bultmann und Martin Dibelius), nicht aber auf den nach nahezu siebzig Jahren weiterentwickelten Forschungsstand stützt. So unterscheidet er nicht – wie es notwendig wäre, um biblische Texte vom religionswissenschaftlichen Vergleichsmaterial abzuheben – zwischen der *Gattung* (als dem Texttypus) und der *Form* (als dem konkret geformten Text) und zieht auf der Basis angeblich exegetischer Ergebnisse entsprechend falsche Schlußfolgerungen. Es ist richtig: „Die historische Forschung ... kann auf Schritt und Tritt den Nachweis erbringen, daß es den gleichen Typus von Wundererzählungen, vor allem von Heilungsgeschichten, mit den gleichen Topoi des Berichteten keinesfalls nur im Christentum, sondern so gut wie in allen antiken Religionen gibt" (II, 45). Aber die Exegese zeigt darüber hinaus, wie sich die biblischen Texte, selbst wenn sie der gleichen Gattung angehören, von den außerbiblischen Texten unterscheiden: sowohl im Blick auf ihre *Form* wie im Blick auf den sich in der Form anzeigenden Glauben. Drewermann faßt das Unterscheidende gar nicht in den Blick, sondern ist nur daran interessiert, das „menschheitlich Gültige und für alle Zeiten Wesentliche herausarbeiten zu können" (II, 45). Die Exegese ist hingegen gehalten, das Unverwechselbare, Unterscheidende und womöglich Einmalige herauszuarbeiten. Würde Drewermann die Ergebnisse solcher Arbeit voraussetzen, könnte er z. B. nicht so rasch die „Hilfe der Tiefenpsychologie" für die Deutung der „Phänomene der Wunderheilungen" (II, 45) in Anspruch nehmen.
Am Schluß von Bd. I versucht er in einem Nachtrag an wenigstens zwei Beispielen zu zeigen, wie die Interpretationsregeln, die er in seinem Buch zu begründen versucht hat, praktisch anzuwenden

17

sind. Wir greifen das neutestamentliche Textbeispiel heraus, um *exemplarisch* auf die Frage einzugehen, wie er mit der exegetischen Forschung umgeht. Drewermann hat die matthäischen „Erzählungen von der Geburt Jesu" (I, 483) gewählt und beansprucht: „Während die historische Forschung gerade bei Texten dieser Art immer wieder ins Leere greift, werden wir tiefenpsychologisch sehen, daß einzig der archetypische Gesamtaufbau dieser Erzählkomplexe es verständlich macht, daß die Botschaft der Exodustradition und die Erzählungen von der Geburt Jesu eine Bedeutung besitzen, die für alle Zeiten und Zonen Gültigkeit beanspruchen darf" (ebd.). Welche exegetischen Ergebnisse zu Mt 1,18–25; 2,1–23 setzt Drewermann voraus? In den Fußnoten bezieht er sich auf E. Stauffer, Jesus. Gestalt und Geschichte; A. Drews, Die Christusmythe; H. Usener, Das Weihnachtsfest; H. Gressmann, Das Weihnachtsevangelium; K. Kerényi, Der göttliche Arzt; E. Brunner-Traut, Pharao und Jesus; J. Assmann, Der König als Sonnenpriester; J. P. Mackey, Jesus. Der Mensch und der Mythos; H. Rahner, Griechische Mythen; L. Frobenius, Das Zeitalter des Sonnengottes; A. Jeremias, Das AT im Licht des Alten Orients; Sch. Ben Chorin, Mutter Mirjam; H. W. Wolff, Immanuel; G. von Rad, Theologie des AT; G. Prause, Herodes der Große. Von der umfangreichen Literatur zur Gattung und Theologie von Mt 1 – 2 findet man nicht einen einzigen Titel erwähnt, auch nicht im Literaturverzeichnis. Stattdessen bevorzugt Drewermann deutlich die ältere religionsgeschichtliche Literatur, die seinem Anliegen entgegenkommt, aber nicht die Ergebnisse der heutigen Exegese repräsentiert.

Drewermann bringt überhaupt keine Ergebnisse der eigentlichen Exegese ein, sondern dekretiert von vornherein: „Auf dieser Ebene allein also kann man den Sinn der Erzählungen von der jungfräulichen Geburt des Gotteskindes verstehen: auf der Ebene der inneren Wahrnehmung, des Traumes, des Gefühls" (I, 504). Wo verantwortliche Exegese von einem „Wunder des Glaubens" sprechen würde, schreibt er von einem „Wunder der Seele" (I, 503). Für ihn sind „Maria, Josef und das Kind, die Magier, Herodes und der Engel, der Stern, die Stadt Jerusalem, Ägypten,

Bethlehem und Nazareth alle gemeinsam die Gestalten und die Zonen *einer* Seele, *einer* Seelenlandschaft" (I, 527). Und die Folgerung aus dieser Prämisse lautet dann: „Im Menschen selber liegt, wenn er nur auf sein eigenes Wesen hört, das Wunder der jungfräulichen Geburt begründet" (I, 527). Die neutestamentlichen Texte sagen das nicht. Für sie ist das Wunder durch Gottes Handeln konstituiert, und zwar durch sein Handeln in der Geschichte. Schon im Umgang mit der Exegese zeigt sich also die Problematik der neuen Hermeneutik Drewermanns an.

Wählen wir für diesen Umgang noch ein zweites Beispiel, Drewermanns Auslegung von Joh 21,1–14, der er die Überschrift gibt „Die Erscheinung Jesu am See oder: Zwischen Diesseits und Jenseits" (II, 392). Drewermann bezieht sich auf die Kommentare von R. Bultmann und R. Schnackenburg und auf die Monographie von R. Pesch, Der reiche Fischfang. Welche Ergebnisse der Exegese setzt er nun bei seiner Auslegung voraus? Einmal, daß Joh 21 ein Nachtragskapitel, sodann, daß nach Meinung von R. Pesch Joh 21,1–14 – literarkritisch gesprochen – kein einheitlicher, sondern ein zusammengesetzter Text sei. Diese beiden Voraussetzungen werden von ihm folgendermaßen zur Sprache gebracht: „Am Ende des Johannesevangeliums ist ein Erscheinungsbericht angefügt[1], der in seiner Rätselhaftigkeit geradezu danach verlangt, ausgelegt zu werden, der aber der historisch-kritischen Methode die größten Schwierigkeiten bereitet" (II, 392).

„So viele Mitteilungen der Text enthält, so viele Fragen wirft er auf[2]. Man hat daher nur die beiden Möglichkeiten, ihn entweder durch literarkritische Operationen so zurechtzuschneiden, daß er für einen ‚historischen' Bericht in Raum und Zeit passend wird[3]. Oder man muß den Text nehmen, wie er dasteht; dann aber muß man gerade die Widersprüchlichkeit der Erzählung für das Wesentliche nehmen" (II, 393).

---

[1] *R. Bultmann*, Das Evangelium des Johannes, 542–547, zur Begründung der „Unechtheit" und „Uneinheitlichkeit" von Joh 21.
[2] Vgl. *R. Schnackenburg*, Das Johannesevangelium, III, 406–407...
[3] So hat *R. Pesch*, Der reiche Fischfang, 42–52...

Drewermann informiert weder über die Gattung des Textes, noch darüber, daß in Lk 5,1–11 eine traditionsgeschichtliche Parallele zur Fischfangerzählung vorliegt, noch über die Eigenarten von Ostererzählungen. Er spricht nur kurz von angeblichen exegetischen Ergebnissen, um alsbald dazu überzugehen, mit Hilfe der Tiefenpsychologie „den tieferen symbolischen Sinn der Erzählung aufzuzeigen" (II, 394). Die Wahrheit, die er auf diesem Weg erreicht, ist keine geschichtliche Offenbarungswahrheit mehr, sondern die ubiquitäre Wahrheit der menschlichen Seele: „die Wahrheit von der ewigen Gültigkeit des wahren Wesens Jesu, mithin die Bestätigung der Sehnsucht aller Menschen: des Verlangens nach Unsterblichkeit" (II, 403). Wir werden später auf andere Beispiele der Exegese Drewermanns noch ausführlich eingehen. Das hier Gesagte mag zunächst genügen, um aufzuzeigen, daß sein Anspruch, er setze bei seiner tiefenpsychologischen Auslegung die Ergebnisse der Exegese voraus, in seiner Arbeit nicht eingelöst wird.

Deshalb spricht alles dafür, daß Drewermanns Anspruch lediglich als nachträgliche Apologie formuliert wurde; sie schien ihm wohl geraten, um den Zorn der von ihm angegriffenen Exegeten wenigstens etwas zu mildern.

Sein Verhältnis zur Exegese rückt freilich erst ins rechte Licht, wenn wir uns klar machen, warum und wie er die Exegese durch die Tiefenpsychologie ersetzen möchte. Davon muß nun die Rede sein.

3. Die Tiefenpsychologie als Allheilmittel

Eugen Drewermann wehrt sich gegen den Vorwurf, er habe anstelle der Exegese „die Tiefenpsychologie als eine Art Allheilmittel anpreisen wollen. Das ist mitnichten der Fall" (II, 760). Dennoch drängt sich dieser Vorwurf nicht nur bei oberflächlicher Lektüre der beiden Bände auf, der Autor selbst bestätigt ihn dem aufmerksamen Leser – etwa wenn er sein Werk mit den Sätzen beschließt:

20

„Als man einmal den BUDDHA fragte, wie man seine Lehre zu verstehen habe, soll er mit dem berühmten Gleichnis vom Floß geantwortet haben: man gebrauche, erklärte der Erhabene, ein Floß, um über den Strom zu setzen; hinübergelangt aber, lasse man es am Ufer liegen und trage es nicht mit sich auf dem Kopf herum. Nach dem unumgänglichen religiösen Schiffbruch der historisch-kritischen Methode kann die tiefenpsychologische Hermeneutik heute nicht mehr sein als ein Floß, das man benutzen muß, um gegen alle Strömungen und Winde der Zeit dennoch ans andere Ufer zu gelangen. Hat man dieses Ziel erreicht, so mag man auch die tiefenpsychologische Hermeneutik getrost vergessen oder, was auf dasselbe hinausläuft, ihrer nur noch historisch gedenken. Hoffentlich kommt dieser Tag bald. Bis dahin aber bleibt die Psychoanalyse wohl unser aller Schicksal" (II, 790).

Auf dem langen Weg bis zu diesem Schlußwort erfährt der Leser der beiden Bände als Drewermanns Auffassung durchaus, daß eigentlich nur die Tiefenpsychologie eine angemessene Hermeneutik biblischer Texte bieten könne: „Religiös ist eine Auslegung religiöser Texte nur legitim, wenn sie innerlich ist" (I, 13), und die Tiefenpsychologie hat „sich zu einem geeigneten Instrument herangebildet, um in die Tiefenschichten der menschlichen Psyche vorzudringen" (I, 15). Die von Drewermann empfohlene Methode ist „für die Theologie unerläßlich, um auf dem Boden der Bibel die eigentlich religiöse Tiefenschicht wiederzuentdecken" (I, 58). Gegen die verheerenden Auswirkungen der Exegese gibt es nach Drewermann „nur ein einziges Mittel: statt der äußeren Wirklichkeit mittels historischer und soziologischer Untersuchungen nachzuspüren, muß es, jedenfalls wenn das Ziel Theologie und Glaube sein soll, entscheidend darum gehen, die innere Wirklichkeit der jeweiligen *unhistorischen,* mythischen, legendären, sagenhaften oder märchenähnlichen Erzählungen *psychologisch* zu untersuchen" (I, 95). „Nicht die *Predigt* ist der eigentliche Ort des Religiösen, sondern das bildhaft-wortlose Erleben in den Tiefenschichten der menschlichen Psyche, der *Traum* bildet den Ausgangspunkt zum Verständnis religiöser Überlieferung" (I, 99); „tatsächlich eröffnet gerade der Traum den wichtigsten Zugang zum Verständnis so gut wie aller wichtigen religiösen Phänomene und Überlieferungen" (I, 109). *„Nicht vom Wort und von der Geschichte, sondern vom Traum, vom Bild ist auszugehen"* (I, 153).

Der Traumpsychologie fällt also eine Schlüsselstellung zu: „Dabei wird man rasch erkennen, daß sich an der Einstellung zum Traum unmittelbar auch die Einstellung zur Religion entscheidet. Denn wohl ist der Traum gewiß nicht der Vater aller Dinge, aber er ist doch, wie sich gezeigt hat, der Vater aller Dinge, die für die Religion belangvoll sind" (I, 155).

Zum Verständnis der Bibel bzw. gewisser biblischer Motive und Bilder ist es nach Drewermann „unerläßlich..., Traumbeispiele aus der psychotherapeutischen Praxis mitheranzuziehen und in jedem Falle die *Regeln der Traumdeutung ohne Ausnahme auch auf die Bibelinterpretation anzuwenden"* (I, 178). Drewermann behauptet: „Gott hat keine andere Sprache an uns als die Sprache der Seele in uns; wer als Theologe sich weigert, diese Sprache geduldig und bescheiden zu lernen, wird Gott nicht hören können, was immer er auch sonst vom Gehorsam gegenüber Gott behaupten mag" (I, 484). Nur die Tiefenpsychologie weist aber den Zugang zu dieser Sprache! Drewermann berührt hier insofern einen wahren Sachverhalt, als „Gottes Wort" im Menschenwort als Vorstellung, Versprachlichung, Vermittlung und Deutung begegnet. Aber Deuter und Adressat ist nicht die Innerlichkeit des Menschen. Und überdies ist Drewermann mit Nachdruck entgegenzuhalten: Die biblische Tradition weiß auch um andere Sprachen Gottes, zum Beispiel um seine Rede durch geschichtliche Ereignisse und durch das prophetische Wort. Warum läßt Drewermann diese andere Sprache nicht gelten? Warum legt er die Texte, die davon handeln, tiefenpsychologisch als „Sprache der Seele in uns" aus? Aus folgendem Grund: Es „bedarf die Theologie zur Rückgewinnung ihres eigenen Ursprungs heute unausweichlich der Tiefenpsychologie, um sich von ihr, wie von dem fremden Exorzisten des Evangeliums (Mk 9,38–39), bei ihrer eigentlichen Aufgabe unterstützen zu lassen" (II, 20)!

Drewermanns „entscheidende Erkenntnis" lautet, „daß der Ausgangspunkt einer jeden Hermeneutik religiöser Texte nicht dort gesucht werden darf, wo die historisch-kritische Exegese ihn annimmt: in der äußeren Geschichte, sondern daß er im Traum bzw. im traumnahen Erleben von Poesie und Dichtung gefunden werden kann und muß" (II, 36). Auch bei den Wundern geht es darum, *die Wunder als Taten und Tatsachen des Gefühls und des Affektes, nicht des Verstandes* zu verstehen" (II, 64). Die „bleibende Wahrheit" der biblischen Texte „ist nicht historisch, sondern nur psychologisch zu verstehen" (II, 761). Indem die Tiefenpsychologie „zeigt, daß bestimmte religiöse Vorstellungen dem Menschen nicht von außen durch die Einmaligkeit historischer Gegebenheiten vermittelt werden, sondern dem Menschen innerlich sind, vermag sie jenseits der historischen Kritik allererst die innere Wahrheit der religiösen Aussagen zu erschließen" (II, 762).

Drewermann betont zwar, „daß Gott *nicht* als Teil der Gesamtheit der menschlichen Psyche verstanden werden darf", doch fordert er gerade deshalb: „Aber um zwischen Gott und den Göttern der Psyche zu unterscheiden, bedarf es der Tiefenpsychologie als eines diakritischen Erkenntnisorgans der Theologie" (II, 769).

Die Tiefenpsychologie sei auch deshalb notwendig, weil gerade in der „*Verbindung von personalem Vertrauen und archetypischen Träumen* ... der wichtigste Anknüpfungspunkt für eine fundamentaltheologische Begründung des spezifisch Christlichen zu liegen (scheint)" (II, 777). Und: „Inmitten einer Welt, in der scheinbar alles ‚machbar' ist, bildet die Religion *im Verein mit der Psychotherapie* den einzigen Freiraum eines voraussetzungslosen Sein-Dürfens und Angenommenseins des Einzelnen" (II, 780). Und: „Keine Bibelstelle bleibt vor der Möglichkeit drohender Ideologisierung bewahrt, wenn man die symbolische Hermeneutik der Tiefenpsychologie zugunsten eines politischen Pragmatismus preisgibt" (II, 781).

Schließlich schreibt Drewermann: „Die Tiefenpsychologie, wie wir sie verstehen, sollte uns lehren, das menschliche Leben wieder zu lesen wie ein Traumbuch Gottes vom Menschen, und sie sollte uns in den Stand setzen, das Leben des Einzelnen in seiner Einmaligkeit und Unableitbarkeit so nachzuträumen, daß seine

Suche nach Gott, sein Verlangen nach Liebe, sein Bemühen um Größe und sein Streben nach Vollendung ihn selber als Dramaturgen seines eigenen Mythos, seines eigenen Märchens, seiner eigenen Sage und seiner eigenen Legende in Erscheinung treten läßt. Erst eine konkrete Poesie des Menschen entlang den großen Menschheitsträumen vermag die menschliche ‚Gesellschaft‘ zu vermenschlichen, und eine soziale Hermeneutik sollte sich nicht in Konkurrenz, sondern in Funktion eines tieferen Verstehens der menschlichen Psyche begreifen" (II, 782).

Die Relativierung der Tiefenpsychologie, die Drewermann an anderer Stelle ausspricht, ist also nur relativ gemeint: „Auch sie ist eine Methode, die eines Tages vergehen wird, nicht anders als heute schon die historisch-kritische Methode im Grunde der Vergangenheit angehört" (I, 22), – doch im Unterschied zur historisch-kritischen Methode wird sie dann, in der von Drewermann beschworenen Zukunft, ihren „Heils-Dienst" getan haben! „Bis dahin aber bleibt die Psychoanalyse wohl unser aller Schicksal" (II, 790).

Daß Drewermann die Tiefenpsychologie als Heilslehre anpreist, macht nicht nur seine Aggressivität gegenüber der heutigen Exegese, die dem geforderten Monismus tiefenpsychologischer Interpretation entgegensteht, verständlich, sondern auch sein Verhältnis zur Offenbarungs- und Heilsgeschichte. Dieses wird greifbar in Ausführungen wie: „Wenn aus den einzelnen historischen Tatsachen in den Geschichtsüberlieferungen der Bibel wirklich mehr sprechen soll als die ewig gleiche Geschichte von Krieg, Gewalt, Eroberung und Aufruhr, so *nur* auf dem Wege einer symbolischen Deutung" (II, 661). Drewermann meint damit: „Auch bei der Interpretation historischer Erzählungen der Bibel ist man daher befugt und gehalten, die symbolistische Deutungsmöglichkeit der jeweiligen Geschichten nicht zu übersehen. Zu fragen ist stets, wie denn die einzelne Begebenheit wirkt oder wirken würde, *wenn* sie als Traum erzählt *würde*" (II, 663). Für die Hermeneutik bedeutet das: „die Ereignisse der Vergangenheit verwandeln sich dann in symbolische Themen gegenwärtigen Erlebens und träumen sich nach in den ewigen Bildern des Unbewußten" (II, 663).

Bei all dem ist es nur konsequent, wenn Drewermann schließlich das „In illo tempore" der Liturgie mit dem „Es war einmal" des Märchens gleichsetzt (I, 146 A. 110). Die Kirche und der Glaube gründen nicht mehr in geschichtlichen Vorgaben einmaligen Geschehens, sondern im *semper et ubique*, dem Überall und Allezeit der Archetypen der menschheitlichen Seele.

Wir möchten an dieser Stelle betonen, daß Drewermanns hermeneutischer Impetus, die alten Texte mit gegenwärtigem Erleben zu verbinden und die Auslegung in den Dienst gegenwärtigen Lebens zu stellen, unseres Erachtens positiv zu werten ist. Eine glaubens- und lebensferne Exegese dient der Kirche nicht, dient den Menschen nicht.

Doch der Ort der Schriftauslegung ist nicht der Traum des Einzelnen, der die Ereignisse der Vergangenheit, die in den Texten vorgestellt werden, als symbolische Themen gegenwärtigen Erlebens „in den ewigen Bildern des Unbewußten" nachträumt (II, 663), sondern die Versammlung der Gemeinde der Glaubenden, welche Gottes Handeln an ihr und sein gegenwärtiges Wort als mit seinem früheren Handeln und Reden strukturkongruent erfährt.

Drewermann scheint zu ahnen, daß die theologische Rede vom früheren und heutigen Handeln und Reden Gottes der „Aufklärung" bedarf. Sie bedarf freilich nicht einer psychologischen Aufklärung, die sich theologischer Aufklärung entgegengesetzt versteht, so wenig wie einer entsprechenden historischen. Sie bedarf vielmehr einer alle Möglichkeiten unseres Wissens und Fühlens umfassenden theologischen Aufklärung, die nur auf dem Boden der jüdisch-christlichen Tradition und ihrer freien Radikalität vorangetrieben werden kann.

Daß Gott durch den Traum bzw. durch die Bilder der Seele zum Menschen spreche, ist, auch bei vollzogener psychologischer Aufklärung, keine aufgeklärtere Position als diejenige, wonach Gott durch geschichtliche Ereignisse spreche (bei vollzogener historischer Aufklärung).

Wohin die verantwortliche theologische Aufklärung vorstoßen muß, läßt sich anhand jener jüdischen Überlieferung andeuten, die fragte, was Gott am Sinai denn wirklich gesagt habe. Den ganzen Dekalog? Oder nur das erste Wort ANOKI (Ich), oder nur dessen ersten Buchstaben, oder nur den Stimmansatz dazu? Müßten wir nicht heute sagen: Nicht einmal den Stimmansatz, und doch das Ganze der in der Zeit sich ausfaltenden Offenbarung? Eine Verlagerung der „Offenbarung" aus der Geschichte in die Regionen der ewigen archetypischen Bilder der Seele führt jedenfalls zur Aufhebung ihrer Unterscheidung von der „Religion". Von dieser Gefahr muß als nächstem die Rede sein.

4. Gleichsetzung von Religion und Offenbarung

In Drewermanns Verhältnis zu dem Thema *Exegese und Geschichte* zeigt sich eine tiefere Störung an: nämlich zu an Geschichte gebundener Offenbarung. Drewermann kann – offenbar ohne Schwierigkeiten – Erfahrungen von Schamanen und Erfahrungen des Apostels Paulus identifizieren; er schreibt bei der Erörterung der Himmelsträume und Jenseitswanderungen der Schamanen: „Ein solches ‚Heimweh nach dem Paradies' beherrscht die Seele des Schamanen, daß er alles daransetzt, die Organisation seiner Sinne von Grund auf zu wandeln, bis sie zu einer unmittelbaren Wahrnehmung des Heiligen fähig ist. Was dem Außenstehenden vor allem bei der ‚Einweihungskrankheit' des Schamanen wie eine psychopathologische Krise erscheinen mag, dient in Wahrheit einer symbolischen Rückkehr zum uranfänglichen Chaos, um den profanen Menschen aufzulösen und eine neue Persönlichkeit hervorzubringen; mit den Worten des heiligen *Paulus* geht es um das Erlebnis eines mystischen Todes und einer Auferstehung, einer vollkommenen Umwandlung des alten in den neuen Menschen, einer Wiedergeburt und Reifung zu der Gestalt des eigentlichen von Gott ursprünglich gemeinten Menschenwesens, einer Entrückkung ‚in das Paradies', ‚in den dritten Himmel' (2 Kor 12,2.4)" (II, 323).
Der mythische Kreislauf wie die wirkliche Geschichte sind für

Drewermann gleich ambivalent: „Genau so ambivalent wie der mythische Kreislauf kann mithin die ‚wirkliche Geschichte' zwischen Heil und Zerstörung, zwischen Paradies und Apokalypse, je nach dem Faktor des Glaubens oder der Angst, hin und her schwanken; die Entdeckung der Geschichte kann ein Paradies zerstören und die Harmonie des Rings der Zeit zerbrechen, sie kann aber auch von einem Teufelskreis des Unheils erlösen, und in jedem Falle kommt tiefenpsychologisch wie theologisch alles darauf an, dem Erleben und der Verarbeitungsweise der Angst in der Selbstauslegung der Zeitlichkeit des Daseins so genau wie möglich nachzugehen" (II, 613).

Drewermanns Konzeption liegt deutlich eine Einordnung des Christentums als ‚Religion' unter den Religionen zugrunde. Ihm „ist das Christentum seit dem 3. Jh. eine durchaus synkretistische Religion" (I, 18 A.6). Offenbar ist ihm das kein Problem; denn „die Betrachtung der Religion gewinnt so an Tiefe und Bedeutung, indem sie auf Fragen stößt, die dem Menschen zu allen Zeiten eigentümlich sind" (I, 53). Die Allgemeinheit der Religion hängt für Drewermann damit zusammen, daß „im Menschen selbst vor aller Geschichte ‚Strukturen' des Erlebens gefunden werden, die den ‚Strukturen' des geschichtlichen Auftretens des Menschen zugrunde liegen und in ihnen zum Ausdruck kommen" (I, 66). *„Denn nur in den Archetypen und in den Gefühlen liegt das Einende und Verbindende zwischen den Kulturen und Religionen aller Zeiten und Zonen"* (I, 70).

Die Tiefenpsychologie bietet den Weg zur Auslegung der Religion, weil die archetypischen Bilder, mit denen sie sich befaßt, „wie nichts anderes sonst geeignet (sind), etwas vom Wesen des Menschen selbst auszudrücken, indem sich in ihnen gerade diejenigen Ängste, Sehnsüchte, Begierden und Ziele widerspiegeln, die den Menschen aller Zeiten und Zonen gemeinsam sind" (I, 169).

Weil das Geschichtliche nur das Archetypische spiegelt, kann Drewermann Engel und menschliche Erlösergestalten als „Ausdrucksgestalten ubiquitärer Strebungen der menschlichen Psyche" vorstellen: Engel „verkörpern psychologisch innere Kräfte der menschlichen Psyche und treten oft als Bilder des eigentlichen Wesens der menschlichen Person auf. Andere menschliche Erlösergestalten wie Samson, Samuel, Elias, Elisäus u. a. tragen ihrerseits die deutlichen Kennzeichen von ‚Manapersönlichkeiten' an sich und entsprechen in vielen Einzelheiten archetypischen Gesetzmäßigkeiten. Man versteht ihr Wesen daher erst, wenn man sie mit den zahlreichen verwandten Gestalten in den Mythen und Märchen, den Sagen und Legenden der Völker vergleicht und in ihnen Ausdrucksgestalten ubiquitärer Strebungen der menschlichen Psyche, und nicht vorwiegend historische Erinnerungsbilder erkennt" (I, 177).

Daß die Personen der biblischen Überlieferung durch die Offenbarungsgeschichte unverwechselbar geprägt sind, kann Drewermann nicht mehr sehen. Denn: „Die Gleichheit der menschlichen Psyche zu allen Zeiten und Orten, die wir bei der archetypischen Betrachtungsweise antiker Mythen und religiöser Überlieferungen für gegeben halten, erlaubt und gebietet nun die methodische Verknüpfung der Mytheninterpretation mit den Verfahren tiefenpsychologischer *Traumdeutung*, eine Art des Vorgehens also, die der historisch-kritischen Methode als ganz und gar phantastisch und abenteuerlich erscheinen muß, die aber in Wahrheit erst die Identität heutigen Lebens mit zahlreichen Gestalten und Gestaltungen auch der biblischen Erzählungen begründet, indem sie von sich aus die tiefe Verankerung der jeweiligen Motive in der menschlichen Psyche sowie die bleibende Gültigkeit und Relevanz derartiger Texte unter Beweis stellt" (I, 178).

Weil es auf das Ubiquitäre ankommt, kann Drewermann auch das „Grundschema der gesamten christlichen Erlösungslehre" (I, 194) mit der klassischen Handlungsabfolge zahlreicher Märchen gleichsetzen und behaupten, daß „die eigentlich religiöse Dimension dieser uralten, archetypischen Erzählweise ... auch die Glaubenslehre des Christentums durch und durch bestimmt" (I, 195). Und wiederum entsprechend: „die ‚Glaubenden' – das sind in diesem Sinne die von dem gleichen archetypischen Erleben her Bestimmten und Geprägten, in denen der Eine sich vervielfältigt und in dem umgekehrt die Vielen eines sind" (I, 320).

Demgegenüber ist festzuhalten: Offenbarung ist an Geschichte gebunden, an die konkrete Konstellation von Personen und deren Freiheit, an Zeiten und Orte; Religion hingegen ist so nicht gebunden. Für Drewermann zählt nur Religion: „Eine geschichtliche Begebenheit kann in sich selbst nur unter der Bedingung von überzeitlicher Bedeutung sein, daß sie über sich selbst hinaus auf etwas Wesentliches, Typisches, Grundsätzliches im Menschen hinweist" (I, 375). Entsprechend dienen die Texte des Alten und Neuen Testaments der Religion des einzelnen: „Man darf die Erzählungen des Neuen und Alten Testamentes, wenn es so steht, zunächst nicht als Glaubenszeugnisse für andere, längst vergangene Zeiten und Menschen auffassen, sondern man muß in ihnen vorrangig Ausdrucksgestalten eigener, gegenwärtiger Glaubenserfahrungen erblicken" (I, 409). Daß Drewermann bei der Rezeption der Formgeschichte nur auf das Typische blickte, erscheint damit im Nachhinein als ein durch seine Prämissen bedingtes Selektionsverfahren.

Gott, der sich Israel geoffenbart hat, wird bei Drewermann zu dem „Gott, der dem eigenen Wesen, dem eigenen angestammten Sein entspricht" (I, 489). In welche Richtung diese – an sich ja nicht von vornherein falsche – Aussage konkret führt, zeigt sich z. B. bei der Interpretation der „Freiheit", in welche der „Exodus" den Einzelnen befreit: „Ein Schritt nach vorn in die Freiheit, das heißt für den einen, daß er sich mal getraut, in einer Gruppe einen eigenen Gedanken zu äußern und gegen das ewige Selbstbild anzukämpfen, daß er zu dumm und zu schwächlich sei und am besten nur in der Meinung aller untertauchen könne; ein Schritt nach vorn, das heißt für einen anderen, daß er es mal riskiert, sich einen Wunsch zu erfüllen: ein neues Kleid vielleicht, eine Schallplatte, einen Ausflug am Wochenende, – etwas jedenfalls, das nicht sein *muß* und darum von der allgemeinen Notwendigkeit verordnet ist, sondern etwas, das er auf seine eigene Kappe nehmen und für das er geradestehen muß" (I, 493).

Damit niemand meine, wir würden mit einem solchen Zitat Drewermann nicht gerecht, fahren wir mit einem ähnlichen fort: „Israel sprach von der Wüstenzeit immer wie von einem einzigen

Wunder. Und in der Tat: Die eigenen Kräfte reichen nicht aus; und doch geht es Tag für Tag weiter. Man sammelt täglich die Brocken des ‚Manna' ein, die am Leben halten: flüchtige, hingeworfene Worte, kurze Augenblicke eines Anflugs von Glück, ein kleiner Erfolg, ein Spaziergang zu zweit, – sie werden zu Manna-Stückchen, zu Speisungen Gottes" (I, 496).

Der Gipfel solch religiöser Interpretation offenbarungsgeschichtlicher Texte ist wohl das Folgende: „Im Menschen selber liegt, wenn er nur auf sein eigenes Wesen hört, das Wunder der jungfräulichen Geburt begründet... Ein jeder Mensch trägt vor Gott die Berufung, in sich selber ein ‚Eingepflanzter' Gottes, ein ‚Mann aus Nazareth' zu werden (Mt 2,23). Immer ist es auch das Bild des Traumes und die Stimme der unbewußten Vernunft unserer Seele, durch die hindurch wir Gottes Stimme hören. In einem Leben, wo wir immer nur selber alles haben machen müssen, kann Gott uns nur erreichen in den Schichten des Nichtmachbaren, des Schlafes und der Ruhe, des unbewußten Seins. Alles, was Gott in uns zu sagen hat, besteht ja gerade darin, daß wir von selber etwas wachsen lassen dürfen. Gott ist uns die Stimme einer solchen absoluten Gnade, vor der wir selber akzeptiert und zugelassen sind. Vor Gott dürfen wir riskieren, was im Getto aller Menschenrollen und -erwartungen nicht möglich ist: wir dürfen einfach sein, wir dürfen wieder Werdende werden, wir brauchen nicht weiter die ‚Fertigen' zu spielen, wir dürfen das ‚Kind' in uns adoptieren als das unsere und uns selbst darin anerkennen" (I, 527). Oder: „Das Bild des Kindes ist für uns die Generalerlaubnis, endlich *anfangen* zu dürfen und selbst von innen her zu leben. Und jede Stunde, die wir wirklich zweckfrei leben, bringt uns dem Bild des jungfräulich geborenen Gotteskindes näher. So eng hängt das zusammen, daß Christus später sagen konnte: ‚Wenn ihr nicht werdet wie die Kinder, werdet ihr nicht in das Himmelreich eingehen' (Mt 18,3) – Gott ist uns nah, wenn wir den Mut gewinnen, uns auf das Nichtmachbare einzulassen; wir spüren seine Gegenwart, wenn wir uns einfachhin die Freiheit leisten, uns dem ewig gottlosen Leistenmüssen zu verschließen; wenn wir *sein* dürfen, ohne erst durch allerhand Gemache uns diese absolute

Existenzerlaubnis zu verdienen, dann sind wir in der Tat der Erfahrung nahe, daß endlich Gott in unseren Herzen seine Herrschaft aufrichtet. Wenn *Gott* ist, ist es uns erlaubt, *Menschen* zu werden und das *Gotteskind* in uns zu akzeptieren. Es liegt dann eine Zukunft vor uns, in der es Freiheit, Spiel und Freude gibt, in der wir zu uns selber finden und mit uns selber einig sind. Es ist dann so, wie wenn wir buchstäblich überhaupt erst anfingen, zu leben, in einer zweiten Jugend der Freiheit, der Liebe und des Glücks" (I, 528).

Für Drewermann ist es keine Frage, „daß die religiösen Überlieferungen der Bibel, nicht anders als die Überlieferungen der antiken Religionen und der Stammesreligionen, insgesamt nur eine Welt kennen, in der menschliche Geschichte und göttliches Wirken wesenhaft und unauflöslich miteinander verbunden sind" (II, 25). Deshalb kann er in der Gestalt Jesu auch „die Gestalt dessen, als was Gott uns will und uns gemeint hat", wiedererkennen (II, 30).

Drewermann macht der Kirche (die Offenbarung und Religion stets unterschied) den Vorwurf, daß sie „von ihren Anfängen her zwischen Mythos und Geschichte radikal zu trennen suchte" und dabei „so gut wie ganz (übersah), daß gerade das Bedeutsame, das Wesentliche und Ewige an der Geschichte nur in den archetypischen Bildern des Mythos aufbewahrt und weitergegeben werden kann" (II, 71).

Den indianischen Schamanen SCHWARZER HIRSCH schätzt Drewermann unter anderem so ein: „Was Schwarzer Hirsch im Ritus der Pfeife dem Kranken spendet, ist nicht anders auszulegen als etwa die Krankenkommunion in der katholischen Kirche, nur daß dieser *de facto* kaum noch irgendeine heilende Kraft zugetraut wird" (II, 108); ein wirklicher Wunderheiler außerhalb des europäischen Kulturkreises vertritt sogar eine „unverfälschte Form von Religiosität" (II, 123), so daß wir Christen „zum Verständnis unseres eigenen Ursprungs, unserer eigenen Religiosität, von den ‚Primitiven' lernen müssen" (II, 122).

Für Drewermann ist der Glaube, von dem z. B. in Mk 9,14–29 die Rede ist, „nichts anderes als das Vertrauen in die Macht, die von

Gott her in einem Menschen wirksam werden kann, der selbst sich vom Vertrauen zu Gott tragen läßt; es ist dieselbe Art von Glauben, der wir auch beim SCHWARZEN HIRSCH begegnet sind, als er im Vertrauen auf seine Traumbotschaft seine Angst bezwang und die Kraft in sich sammelte, um den Sohn von SCHLÄGT-IN-STÜCKE zu heilen" (II, 135). Und entsprechend kann er sagen: „Dieser ‚Mythos' des Glaubens, dieser absolute Vertrauensvorschuß in die Macht des Vertrauens, liegt auch der Religion des Christentums zugrunde, er ist nicht begrenzt auf irgendeine Religion, er ist der Ursprung *aller* Religion" (II, 136f); und: „Alle Religionen haben daher ihre Wunder, und alle Religionen, wofern sie wahr sind, besitzen die Fähigkeit, einen Glauben zu erwecken, der auf wunderbare Art die Angst besiegt" (II, 137).

Zur Interpretation von Visionen und Prophezeiungen heißt es bei Drewermann: „Will man den Erzählungen von heiligen Erscheinungen und göttlichen Gesichten näherkommen, so gilt es vor allem, den Glauben an die Wahrheit derartiger Erfahrungen wiederherzustellen, indem man den eigentlichen Ursprungsort dieser Wahrnehmungen in den Tiefenschichten der menschlichen Psyche aufsucht. Nichts in der menschlichen Psyche ist Gott, die Mutter Gottes oder der Erzengel Gabriel selber; aber es leben darin aus dem Erbgedächtnis der Menschheit all die wunderbaren Bilder, die den Menschen, wenn er ihnen folgt, unfehlbar zurück in eine andere Welt geleiten" (II, 319f).

Gerade der zuletzt zitierte Text zeigt: Drewermann spricht den archetypischen Bildern Unfehlbarkeit zu; er weiß nicht mehr, daß auch sie erlösungsbedürftig sind. Seine Konzeption gerät unweigerlich in die Nähe einer christlichen Gnosis, einer neuen – durch die Tiefenpsychologie geprägten – alten Religion.

Zudem interpretiert Drewermann das Christentum – das seiner Meinung nach in dieser Beziehung noch von den alten Ägyptern zu lernen hätte (vgl. II, 514f) – wesentlich als eine Jenseitsreligion: „Wir werden uns wiedersehen – das ist die Verheißung, an der das Christentum die Grenzen der jüdischen Eschatologie in Richtung der Unsterblichkeitshoffnung eines jeden einzelnen unendlich überschreitet; und wenn Gott uns abholt im goldenen Gefährt der

Sonne, so nur, damit wir schon heute einander die Wohnung bereiten im Hause der Ewigkeit (vgl. Joh 14,24; 2 Kor 5,1) und ein jeder im Augenblick des Todes den Weggefährten seiner Liebe und seiner Träume zu versichern vermag: ‚Geh ruhig und ohne Angst zurück in diese Welt und zurück zu den Menschen. Denn am Tag, da Du kommst, am anderen Ufer, werde ich Deiner warten.‘ Bote der Ewigkeit zu sein und einen anderen Menschen die Vision seiner unvergänglichen Schönheit und Sonnenähnlichkeit zu lehren – welch eine wunderbare Art, ‚Prophet‘ zu sein!" (II, 435).

Abgesehen davon, daß schon rein religionsgeschichtlich gesehen die Differenz zwischen Juden- und Christentum mit dem Hinweis auf die Unsterblichkeitshoffnung jedes Einzelnen nicht zuverlässig getroffen ist, sind hier Judentum und Christentum theologisch nicht verstanden. Die Offenbarung spricht von der *Wahl* Gottes, nicht vom Unsterblichkeitsanspruch des Menschen; sie spricht von Gottes Auferweckungshandeln, nicht vom Abholen des unsterblichen Menschen im Sonnengefährt!

In Drewermanns Sicht ist, genau genommen, kein Platz mehr für die Heilsgeschichte; die Geschichte Israels ist überflüssig, letztlich auch Jesus, letztlich auch die Kirche. Denn von den Ägyptern kann die christliche Religion Entscheidendes lernen: „Wenn irgend das Christentum sich als Religion der Auferstehung und des Siegs über Unrecht und Tod zu verstehen sucht, so kommt es nicht umhin, sich die archetypische Gestalt des Gottes *Osiris* zu eigen zu machen... Man macht sich theologisch selten wirklich klar, daß nicht nur in einzelnen Details und Motiventlehnungen, sondern in der ganzen Struktur und Architektonik die Erlösungslehre des Christentums die Vorstellungen der *Osiris*-Religion teilt, indem Elemente, die zunächst ganz disparat erscheinen, nach dem Vorbild der altägyptischen Religion miteinander verknüpft werden" (II, 518 f).

Entsprechend heißt es dann: „Wenn es dem Christentum möglich wäre, auf ‚ägyptische‘ (oder ‚griechische‘) Weise fromm zu sein, so stünde eine dankbare Verklärung und Heiligung der Welt nicht länger mehr im Gegensatz zu der Hoffnung auf eine andere, jenseitige Welt, und die Freude der Sinne bedeutete nicht länger mehr eine Versuchung und Gefährdung auf dem Weg zur Heiligkeit" (II, 540).

Merkt Drewermann nicht, was er tut? Erst koppelt er Israel mit seinem erdgesättigten Glauben vom Christentum ab, dann sehnt er sich nach Ägypten oder Griechenland, um für das Christentum neue Weltzuwendung zu gewinnen!

Und so lesen wir schließlich gegen Ende des zweiten Bandes: „In der Tat liegt die Einzigartigkeit des Christentums nicht in seinen Glaubenssymbolen an sich, die vor allem im Alten Ägypten jahrtausendealte Parallelen zu den christlichen Vorstellungen aufweisen und im kollektiven Unbewußten der menschlichen Psyche verankert sind" (II, 777). Und das spezifisch Christliche? „Spezifisch christlich hingegen ist die Betonung der Personalität und Individualität in ihrer Synthese mit dem archetypischen Material der Psyche" (ebd.). Das Christentum ist bei Drewermann also individuelle Jenseitsreligion!

Die Religion des Christentums korrespondiert – auf der Basis der archetypischen Bilder und der Identität von Gott- und Selbstfindung im Erleben (vgl. II, 591) – allen Religionen: Die Erkenntnis, die Jesus nach Joh 4 im Gespräch mit der Samariterin am Jakobsbrunnen formuliert, „entspricht bis in den Wortlaut hinein der zentralen Lehre der Menschheitsreligion des *Buddhismus*", nämlich: „es gäbe, wie in den Märchen, ein ‚Wasser‘, das von innen her den ‚Durst‘ des menschlichen Lebens zu löschen vermöchte" (II, 689). Solche Auslegung hat aus den Worten Jesu den Bezug zu seiner Person und zur Gemeinde seiner Nachfolger, der Kirche, getilgt.

Für Drewermann gibt es „keine historisch begründbare Vermittlung zwischen der äußeren Realität und der Deutung des Christusgeschehens in dem Symbolismus der urchristlichen Glaubenslehren" (II, 764f); er erklärt seine Auffassung beispielhaft am Problem der Bedeutung des Todes Jesu: „Doch selbst wenn Jesus seinem eigenen Tod ‚Heilsbedeutung‘ zugesprochen hat, so wäre damit doch nur gegeben, daß er selbst mit seiner eigenen Person von dem *Archetyp* des sterbenden und auferstehenden Gottessohnes getragen war, den *als Bild* der Mythos verkündet. Um die

Wahrheit dieses Bildes zu erkennen, bedarf es *tiefenpsychologisch* eines Rekurses in die Welt der *vorgegebenen* Bilder der menschlichen Psyche, und es ist gerade diese Einheit von Historie und Mythos, von Bewußtsein und Unbewußtem, die als Integration des ganzen Menschen die Bilder von Tod und Auferstehung als Erfahrungschiffren der Nähe und der Macht Gottes im Herzen des Menschen notwendig und verstehbar macht" (II, 765 f Anm. 2).

Drewermann bestreitet, daß sich die theologische Deutung der Heilsgeschichte im Alten und Neuen Testament auf das Handeln und Reden Gottes, auf seine Offenbarung in der Geschichte bezieht; er leugnet im Grunde, daß sich in der Geschichte Israels, der Geschichte Jesu und seiner Kirche von Gott her unerwartbar Neues ereignet hat und ereignet. An die Stelle der Berufung in das Volk Gottes und an die Stelle der von daher qualifizierten Gemeinschaftsbindung setzt Drewermann die Erinnerung an die ewige Sprache der Seele, die eine religiöse Jenseitshoffnung verkündet. Daß Jesus mit der Deutung seines ihm drohenden Todes, dem er „Heilsbedeutung" zusprach, auf eine einmalige geschichtliche Situation reagierte – die Situation der drohenden Ausstoßung des Messias aus dem Gottesvolk und damit des drohenden Endes der mit Abraham begonnenen Heilsgeschichte –, scheint Drewermann nicht einmal für denkmöglich zu halten; für ihn gilt nur, daß Jesus „mit seiner eigenen Person von dem *Archetyp* des sterbenden und auferstehenden Gottessohnes getragen war", von dem auch andere Menschen immer wieder getragen sein können, weil ihre Seele die entsprechenden Bilder verwahrt. Mit dieser Auffassung reduziert Drewermann die christliche Offenbarung auf Religion, er macht das Christentum zur Gnosis. Seine sich der Tiefenpsychologie bedienende neoreligionsgeschichtliche Methode der Auslegung der Bibel tritt in den Dienst gnostischer Traumbündnisse, deren Faszination viele religiös hungrige Zeitgenossen erliegen mögen, weil die Übereinstimmung mit den religiösen Träumen der Menschheit schon allein durch Einstimmung zustande kommt, während die Gemeinschaftsbindung im Gottesvolk die Umkehr voraussetzt, über die gesagt ist, daß eher ein Kamel durch ein Nadelöhr geht...

Schließlich gibt es bei Drewermann „nur *eine* adäquate Form der Glaubensvermittlung...: die vorsichtige, zurückhaltende, gütige, verstehende Bereitschaft, das Leben eines Menschen bedingungslos zu akzeptieren und zu begleiten, in dem Vertrauen, daß Gott in seiner Seele alles angelegt hat, was er auf dem Wege zu sich selbst und zu seinem Ursprung wissen muß" (II, 771). Hat der Psychotherapeut die Stelle der Kirche eingenommen? Ist Gott nur noch als der Schöpfer begriffen, der alles in die Seele der Menschen hineingelegt hat? Gibt es für Drewermann keine Offenbarung, keine Heilsgeschichte, keine Stiftung des Gottesvolkes mehr? Und ist der Mensch nur noch von seiner Angst zu erlösen, aber nicht mehr von seiner Sünde – der Sünde des Unglaubens?

5. Die Überwindung der Angst als zentrales Thema des Christentums

Besonders wichtig für Eugen Drewermanns Konzeption ist sein Verständnis der „Angst" und die Schlüsselrolle, die er ihrer Überwindung zuschreibt. Die Theologie, so meint er, komme nicht aus ohne die „Einsicht in die Alternative von Angst und Glauben im Hintergrund der menschlichen Geschichte" (II, 25 Anm. 23). Denn „das einzig wesentliche Thema der Religion (ist) die Überwindung der menschlichen Angst" (I, 12). Es gehört zusammen, daß einer „aus dem Feld der Angst heraustritt und zum Glauben an Gott gelangt" (I, 227). Alle Religion vermag nur, „die Notwendigkeit dieser Wahl bewußt zu machen und ihre Entscheidung nach Möglichkeit zum Guten zu lenken: zu wählen ist zwischen Angst und Vertrauen" (II, 30). Die Theologie müßte „eigentlich und einzig wesentlich sprechen ... von der Alternative zwischen Angst und Vertrauen" (II, 32). Die Tiefenpsychologie ist deshalb „so wichtig, weil sie der (biblischen bzw. jeder religiösen) Hermeneutik ihr eigentliches Thema zurückzugeben vermag", das Thema der Angst und ihrer Überwindung, welche die Erlösung ist: „Erlösende Macht hat ein Gotteswort, wenn es im Umraum des

Vertrauens des Menschen Angst bewußt macht und im Überfluß der Gnade überflüssig macht; anders als ohne diese erlösende Macht ist kein Wort Gottes Wort" (II, 34).

So ist z. B. die „Heilung der Lähmung", von der Joh 5,1–9 erzählt, „im Grunde eine Heilung von der ständigen Angst, ohne die Unterstützung der anderen sich keines eigenen Schrittes ins Leben getrauen zu können" (II, 185). In der Person Jesu lag die „Antwort" auf die Versuchung, „mit der unendlichen Energie des Bewußtseins sich an die irdische Existenz zu klammern, wie wenn sie von der unendlichen Angst des Geistes befreien könnte". Diese Antwort bestand darin, „gegen die Angst das Vertrauen zu setzen und einen jeden Menschen zu lehren, daß er in seiner Würde vor Gott eine unvertauschbare Größe und Bedeutung besitzt, weil er in seinem Dasein unsterblich ist" (II, 500). Die Religion des Jenseitsglaubens zur Überwindung der Angst!

Nach Drewermann verfügt nur das Christentum „über eine Form der Erlösungslehre, die auf *die Angst der Personalität* mit dem Hinweis auf *die Person des Gottmenschen* antwortet, der in seiner eigenen Angst die Macht des Todes überwand" (II, 778). Zugleich gilt ihm aber auch: „Alle Fragen äußerer Not kehren, ins Unendliche gesteigert, zurück in der Angst der menschlichen Freiheit und der Kontingenz der menschlichen Endlichkeit: die Möglichkeit, das eigene Dasein zu verfehlen, und der Tod sind die äußersten Infragestellungen der menschlichen Existenz, und *darauf* muß die Religion antworten, indem sie alle Dinge ringsum in Form von Symbolen und Riten transparent macht zum Unendlichen und dabei die Träume des Einzelnen mit den Großen Träumen der Menschheit verbindet" (II, 780f).

Nähme man Drewermann beim Wort, so hätte uns Jesus durch seine Angst erlöst! Zweifellos will er das so platt nicht behaupten. Aber ist Jesus mehr als der Mensch, an dem und durch den sich die „großen Träume" der Menschheit erlösend konstelliert haben? Für Drewermann lautet „die erste Frage des Menschen": „Wer bin ich?" und „Was darf ich sein?" (II, 780). Wir haben als Kinder im Katechismus als erste Frage noch gelernt: „Wozu bin ich auf Erden?"

Es scheint so, daß in Drewermanns Konzeption die Religion nicht nur ein Erzeugnis der Angst zu deren Überwindung ist, sondern daß diese Konzeption letztlich ein Konstrukt der Angst bleibt. Die biblische Alternative lautet nicht Angst – Vertrauen, sondern: Unglaube – Glaube. Nach dem Aufklärungswissen der biblischen Überlieferung entspringt die Angst dem Unglauben, der nicht auf die Güte Gottes vertrauen kann. Sie wird vertrieben durch die in der Geschichte leibhaftig erschienene Güte und Menschenfreundlichkeit Gottes: in dem Messias Jesus und seiner Gemeinde.

6. Der Traum als die eigentliche Form der Gotteserfahrung

Den Eindruck, er halte die Tiefenpsychologie für eine Art Allheilmittel, hat Eugen Drewermann auch dadurch verstärkt, daß er dem Traum und entsprechend der Traumanalyse zentrale Bedeutung zumißt. Für ihn ist „der Traum eine wesentliche Form, ja sogar *die* zentrale Form der Gotteserfahrung" (I, 101). Es bedarf der Tiefenpsychologie, um „zu fragen, welch eine Rolle *religionspsychologisch* der Traum vor allem für das *mythische Denken in den Religionen der Menschheit* spielt; erst auf dem Hintergrund eines solchen erweiterten Horizontes wird man auch die recht fragmentarischen Vorstellungen der Bibel über den Traum würdigen können" (I, 106).

Drewermann diagnostiziert: „In Wahrheit jedoch ist die Verarmung des Traumerlebens im christlichen Abendland ein sicherer Gradmesser für den Niedergang der Intensität der religiösen Erfahrung selbst, und man kann nur zutiefst bedauern, daß erst nach fast zweieinhalb Jahrtausenden der Mißachtung des Traumes die Psychoanalyse schrittweise und in bezeichnendem Widerspruch zum Christentum zu Erkenntnissen zurückführte, die vor allem in der PYTHAGOREISCHEN und ORPHISCHEN Religion der Antike lebendig gewesen waren. Daß heute der Traum insgesamt, statt von der Theologie, von der Psychologie her gedeutet wird, macht jedenfalls wie nichts sonst die Zerrissenheit und Seelenlosigkeit des christlichen Menschenbildes deutlich, deren verhängnisvolle Folgen sich notgedrungen auch in den veräußerlichenden Interpretationsversuchen der Bibelauslegung niederschlagen mußten. Tatsächlich eröffnet gerade der Traum den wichtigsten Zugang zum Verständnis so gut wie aller wichtigen religiösen Phänomene und religiösen Überlieferungen" (I, 109).

Drewermann hebt nachdrücklich die Bedeutung der Traumpsychologie für das Verstehen der Bibel hervor: „Erst von der überragenden psychologischen Bedeutung der Träume her versteht man das große Gewicht, das in den Religionen der Antike ebenso wie in den ‚primitiven‘ Stammesreligionen dem Erleben des Traumes zuerkannt wird, und die Traumpsychologie selber zeigt, mit welchem Recht die Alten in den Träumen eine Offenbarung göttlicher Mächte erkannten. Nicht nur, daß zahlreiche Vorstellungen über Geister und Dämonen, Magie und Ritus, Wunderheilung und Prophetie vom Traumerleben her ihre Erklärung finden, es werden vor allem auch die entsprechenden Erzählformen: die Mythen und Märchen, die Sagen und Legenden, die Wundererzählungen und Prophetien, die Apokalypsen und Visionsberichte, ja selbst das breite Feld der Dichtung in den Gleichniserzählungen der Bibel erst vom Traumerleben her zu ihrer Wahrheit finden" (I, 116).

Der „Traum" ist für Drewermann „der Vater aller Dinge, die für die Religion belangvoll sind" (I, 155). Deshalb will er auch die biblische Überlieferung von der Tiefenpsychologie des Traumes her beschreiben und hermeneutisch zugänglich machen. Er betont die Notwendigkeit, Texte mit archetypischem Material „so zu behandeln, wie wenn man es mit aktuellen Träumen zu tun hätte" (I, 178). Und „wenn man den Einfluß großer Visionen auf den tatsächlichen Geschichtsverlauf studieren will, so muß man sich an Kulturen und Völkern orientieren, in denen der ursprüngliche Kontakt zum Traumerleben und von daher zum mythischen Denken noch nicht verlorengegangen ist" (I, 327).

Um die Sprache der Legenden zu verstehen, käme es darauf an,

„nicht beim Verstand und beim Ergründen der historischen Faktizität, sondern beim mitträumenden Verweilen und einfühlenden Mitempfinden ... einzusetzen; nicht etwas Fremdes, zeitlich Entlegenes, sondern das Ureigenste, Überzeitlich-Gültige in der Sprache der eigenen Seele müßte zum Klingen gebracht werden, um das bleibende ‚Wort' Gottes in den Bildern der menschlichen Psyche zu vernehmen" (II, 20).

Der Traum hat „überragende Bedeutung" (II, 79). Drewermann favorisiert die Tiefenpsychologie, um „das menschliche Leben wieder zu lesen wie ein Traumbuch Gottes vom Menschen" (II, 782). Er schreibt mit Emphase, „daß es nichts Kostbareres gibt als die ewigen Träume Gottes im Herzen des Menschen, die gerade ihrer überzeitlichen Wahrheit wegen auch in die Bibel Eingang finden mußten und, Gott sei Dank, gefunden haben, weil sie die Wunder und Erscheinungen des Göttlichen im menschlichen Leben ermöglicht haben und nach wie vor ermöglichen möchten" (II, 21).

Dem ist entgegenzuhalten: Für die Schrift ist nicht der Traum die zentrale Gotteserfahrung, sondern die Begegnung mit dem Wort Gottes, vor allem dem Wort Gottes in Person: mit Jesus von Nazaret, und mit seiner Gemeinde, der Kirche, die sein Wort und ihn selbst als Wort verbindlich auslegt.

Der Traum kann nur die zentrale Gotteserfahrung in einer Religion des Einzelnen sein, in welcher der ubiquitär erschwingliche Jenseitsglaube im Mittelpunkt steht. Im übrigen: Die biblische Tradition hat längst Regeln zur Unterscheidung der im Traum erscheinenden Geister erarbeitet, von denen Drewermann nichts mehr zu wissen scheint. Sie traut dem, was die menschliche Seele hervorbringt, so wenig wie dem, was aus dem menschlichen Herzen kommt, von dem Mose und die Propheten und Jesus von Nazaret sagten, daß es böse sei. Die biblischen Zeugnisse setzen deshalb auf nüchterne Wachsamkeit.

Daß viele Zeitgenossen Bereitschaft zeigen, mit Drewermann zu träumen und seinen Traumanalysen und Traumassoziationen zu folgen, deutet er selbst so: „Ein vernichtenderes Urteil über die Bilanz der historisch-kritischen Exegese nach mehr als fünf Generationen Forschung und Arbeit ist jedenfalls nicht vorstellbar, als daß irgendein Kindermärchen (wie ‚Frau Holle‘, ‚Schneeweißchen und Rosenrot‘ oder ‚Die Kristallkugel‘) der Mehrheit unserer Bevölkerung inzwischen mehr an Weisheit, Lebendigkeit und Erfahrungsreichtum zu versprechen scheint als die unauslotbar tiefen, ewig gültigen Menschheitstexte des ‚Buchs der Bücher‘" (II, 21). Drewermann selbst setzt „Frau Holle" ungeniert dem Buch Ijob gleich! Er nennt die Bücher der Bibel „ewig gültige Menschheitstexte", und er verfügt über die imaginative und sprachliche Kraft, sie vielen Lesern als solche zu erschließen. Doch übersieht er dabei völlig, daß das Alte und das Neue Testament Urkunden der Geschichte des Gottesvolkes sind, Dokumente einer *Auseinandersetzung* mit ewig gültigen Menschheitstexten, Zeugnissen einer zutiefst neuen Erfahrung.

Daß das „Mehr" an Weisheit, Lebendigkeit und Erfahrungsreichtum, das den Büchern der Bibel eignet, seit langem nicht einmal mehr den Glaubenden in den Kirchen erschlossen wird, geschweige denn den Zeitgenossen, die von ihnen deshalb für die Zukunft unserer Welt und unserer Geschichte auch nichts mehr erwarten, ist eine Not, auf die Drewermann zu reagieren scheint. Doch die Weisheit des Gottesvolkes ist nicht traumhaft verschlüsselt, sondern in der Sprache des Glaubens geformt und verdichtet. Das zentrale Problem des Verstehens und damit der biblischen Hermeneutik ist weder historischer noch psychologischer, sondern theologischer Art; es ist das Problem der Verstockung, das aus der Geschichte des Unglaubens der Menschheit und insbesondere des Gottesvolkes resultiert.

Ohren, die hören und doch nicht hören, und Augen, die sehen und doch nicht sehen, d. h. die Verstellungen der Eigensucht hindern Einsicht und Verständnis. Die biblische Hermeneutik, welche Gottes Offenbarung auszulegen sucht, hat nicht als zentrale Frage die, wie der Mensch zum Verstehen gelangt, sondern die, wie Gott sich bei uns Gehör verschaffen kann, wie wir uns bewegen lassen, daß er bei uns zu Wort kommen kann, uns Neues zu zeigen. Daß sich Gott für seine Rede und seine Weisung auch der archetypischen Bilder unserer Seele bedienen kann, ist unbestritten; aber er muß auch sie reinigen, sie von ihrem falschen Bann erlösen und sie seiner Heilsgeschichte dienstbar machen. Jedenfalls hat er sie nach dem Zeugnis der Bibel nicht exklusiv zum ewig-ubiquitären „Offenbarungs"-ort gemacht.

7. Das Christentum als Religion des Einzelnen

Eugen Drewermann betont – unter nahezu völliger Ignorierung des Gottesvolkes, der *ekklesia* und ihrer Gemeinden, die Rolle des Einzelnen. Schon methodologisch gilt ihm: „Das Subjektive ist als die wesentliche Erkenntnisquelle, als das entscheidende Organ zum Verständnis des Vergangenen zu betrachten" (I, 57). Für ihn „hängt jetzt alles" an der Frage, „ob der Glaube an Gott als eine absolute Person und, damit aufs engste verbunden, der Glaube an die unveräußerliche Würde des Einzelnen eine Wahrheit aus-spricht, die im Menschen selber angelegt ist" (I, 65). Die Würde des Menschen ist für Drewermann seine Unsterblichkeit, nicht aber, daß er Gottes Geschöpf ist und von ihm zu seinem Volk berufen wurde.

Für Drewermann gilt: „Ein wirkliches Verständnis archetypischer Bilder kann methodisch nur beim Einzelnen beginnen. Die Ausle-gung archetypischer Bilder muß vor allem zeigen, wie der Einzel-ne sich mit den archetypischen Symbolen auseinandersetzt, welche Bedeutung sie in seinem Leben besitzen können, welche Erfahrun-gen durch die Begegnung mit der Welt der Archetypen in ihm ausgelöst werden, und schließlich: welch eine Rolle sie auf dem Weg des Einzelnen zu sich selber spielen" (I, 254).

Drewermann meint sogar, einen Unterschied zwischen Judentum und Christentum auch im Blick auf die Entdeckung des Einzelnen feststellen zu können: „Allerdings dachte das Judentum selbst paradoxerweise den Menschen noch nicht als einzelnen, sondern zunächst noch als Volk, als Nation, und die Idee, ein auserwähltes Volk zu sein, war unendlich viel wichtiger als die Frage nach der individuellen Einstellung; zudem bewirkte die Zerstörung der heidnischen Mythologie und der Kampf gegen den Kult der Großen Mutter eine unerhörte psychische Gewalttätigkeit gegen sich selbst und gegen die heidnischen Kulturen Kanaans. Nicht mehr die Welt der Archetypen, das Emotionale, Unbewußte, die Stimmen und Gestalten der Götter sollten fortan das menschliche Dasein bestimmen, sondern der Bund, das Wort, das Gesetz eines bilderlosen Gottes wurden zum ausschließlichen Bezugspunkt des Daseins. Erst das Christentum hat in der Gestalt Jesu Christi und in der Geschichte seines Lebens die zentralen Mytheme des Heidentums: die Dreifaltigkeit Gottes, die jungfräuliche Geburt des Erlösers, die Überlieferung von Tod und Auferstehung des Gottessohnes, die Erhöhung seiner Mutter zur Himmelskönigin u.a.m. wieder aufgegriffen und zu einer Synthese zu führen versucht, ohne dabei das Erbe des Judentums, die monotheistische Aufklärung, zu verleugnen. Vor allem aber fußte das Christentum von vornherein auf der freien Glaubensentscheidung des *Einzelnen* und führte damit zu einem konsequenten Bruch mit dem jüdischen Volksdenken. Von daher entspricht es eigentlich der Grundforderung spezifisch der *christlichen* Theologie bzw. des christlichen Menschenbildes, die archetypischen Bilder der Mythen, Sagen und Legenden der Völker so auszulegen, daß in ihnen zunächst und wesentlich der Einzelne angesprochen wird" (I, 257). Als ob die Geschichte Israels nicht mit der freien Glaubensentscheidung des Vaters des Glaubens angefangen hätte! Als ob man die unersetzbare Würde des Einzelnen gegen die Erwählung des Gottesvolkes ausspielen könnte!

Würde man den eben zitierten Text ohne Autorangabe kenntnisreichen Lesern vorlegen – könnten sie ihn für den Text eines christlichen, eines katholischen Theologen halten, oder müßten sie ihn nicht doch eher für den Text eines das Christentum interpretierenden Religionswissenschaftlers ansehen? Und ist sich Drewermann bewußt, daß er mit solchen Formulierungen faktisch das Alte Testament verabschiedet und zudem einem unterschwelligen Antijudaismus den Boden bereitet?

Er fordert dann weiterhin: „Die *theologische* Wertschätzung des Einzelnen bedeutet ... eine absolut notwendige Vorgabe auch für die Exegese" (I, 259); der Dienst der Tiefenpsychologie besteht darin, „daß die Auslegung archetypischer Bilder zur Integration des Unbewußten in der Freiheit des Einzelnen sowie zur Herausbildung einer eigenen und breiter entfalteten Persönlichkeit beitragen kann und muß" (I, 259). Falsch ist für Drewermann ein „,Individualismus', der nur das bewußte Ich des Einzelnen gelten läßt" (I, 296). „Die wahre Synthese des Kollektiven und des Individuellen ist nur in der Weise möglich, daß der Einzelne sich selbst in den archetypischen Symbolen wiedererkennt und sie mit den Inhalten seines persönlichen Lebens zu verbinden lernt" (I, 296 f).

Drewermann empfiehlt – und das verwundert nun nicht mehr – die „indische Philosophie" als „vorbildlich", wenn sie lehrt: „Wer fragt, was in den Dingen und Gestalten lebt, was in ihnen als das Lebendige, das Wahre gegenwärtig ist, dem kann man nur zur Antwort geben: Das bist du selbst; ohne diese Identifikation, ohne dieses ‚tat tvam asi' der indischen Daseinsdeutung, ohne diese Wiederentdeckung des Eigenen in allem Lebenden bleibt auch in der Auslegung historischer Texte, zumal der Texte religiösen Inhalts, alles tot" (I, 297).

In der Auslegung der Texte, die vom Exodus Israels erzählen, wirkt sich diese Position zum Beispiel so aus: „Wem es gelingt, seine Menschenfurcht in Gottesfurcht umzuwandeln, der findet, so behauptet diese Geschichte vom Auszug aus Ägypten, seine Freiheit und sich selbst. Aber der Weg dahin ist lang. Ihn zu begehen, war das Schicksal Israels als Volk; ihn nachzugehen ist der Auftrag jedes einzelnen als Mensch. Keine Station kann dabei überschlagen werden; jede für sich ist typisch. In jeder finden wir uns wieder. Und Israel hat uns im Erbe der Jahrtausende dieses Vermächtnis hinterlassen, daß es nicht lohnt, aus Angst an einem dieser Wendepunkte haltzumachen oder nach rückwärts auszuweichen, daß es sich vielmehr lohnt, den Weg bis an sein Ende zu verfolgen: es gibt ein Ende und ein Ziel; es gilt nur durchzuhalten und die Führung Gottes anzunehmen. In dieser Erfahrung liegt die ganze Bedeutung Israels" (I, 484 f).

Folgerichtig ist für Drewermann „die Wahrheit" über Israel, „daß jeder einzelne von uns dieses Stück Religionsgeschichte, das Israel als Volk durchlebt hat, für sich selbst durchmachen muß, wenn er überhaupt zu einer eigenen Geschichte finden will, daß es also gar nicht um etwas Historisches, sondern um etwas Typisches geht und daß man überhaupt erst dann als Mensch ins Leben gerufen wird, wenn man seinen Gott gefunden hat" (I, 485).

An dieser Stelle schließt sich der Kreis. Entsprechend zählt Drewermann dann z. B. zu den Regeln der Auslegung von Wundergeschichten „die Einheit von Gottfindung und Selbstfindung" (II, 244).

Und auf die Christologie wirkt sich Drewermanns Position schließlich so aus: „So wie am Beginn des Frühlings die Wärme der Sonne die Blumen aus der Erde hervorlockt, indem sie die in ihnen schlummernde Gestalt nicht erschafft, wohl aber zur Entfaltung weckt, so wird man auch die Offenbarung Gottes in dem Menschen Jesus von Nazareth nicht anders verstehen können, als daß von der Person Jesu eine solche Güte und Wärme ausging, daß all die Bilder des Heils, die in der menschlichen Seele angelegt sind, durch seine Nähe auf den Plan gerufen wurden, sich mit seiner Gestalt verbanden und sich zu einem Gesamtgemälde formten, in dessen Widerschein ein jeder Mensch die Wahrheit Christi zu erkennen vermag, indem er sich selber darin offenbar wird" (II, 768 f). Drewermanns Position erweist sich in solchen Passagen als reine Gnosis. Wie im Perlenlied der Thomasakten (Act Thom 108–113) die Erlösung dadurch geschieht, daß die Seele an ihre wahre Herkunft, ihre himmlische Heimat, erinnert wird, so wird sie nach Drewermann durch Christus an ihr wahres Wesen erinnert.

Die Position einer Religion des Einzelnen wird von Drewermann schließlich so skizziert: „Politisch ist allein die Masse stark; religiös ist die Masse gleichgültig. Die Brüderlichkeit der Menschen, die von der Religion der Bibel ausgeht, bedarf unbedingt der Individualität des Einzelnen; ohne seine Freiheit und Verantwortung ist auch das Ethische die pure Illusion. Um die Ausbildung des Einzelnen also muß es zunächst gehen, wenn die Religion in ihre Wahrheit kommen soll, und erst vom Einzelnen her lassen

sich ohne Gefahr die großen kollektiven Bilder in den Tiefenschichten der menschlichen Psyche zur Grundlage des Zusammenlebens größerer Menschengruppen heranziehen, wie es in der
Religion in Form von Kult und Ritual geschieht" (II, 782).
Was für ein ungeheures Mißverständnis von Volk Gottes und
Kirche! Daß sich dieses Mißverständnis der Kirche als einer Religion des Einzelnen und des Jenseits, die durch Kult und Ritual ein
„Zusammenleben größerer Menschengruppen" ermöglicht, fol-
genschwer auf die Hermeneutik der Bibel auswirken muß, liegt
auf der Hand. Der primäre Adressat der biblischen Texte ist nicht
der Einzelne und dessen „Ausbildung", sondern die Versammlung
des Gottesvolkes, die dem Einzelnen die Umkehr ermöglicht und
das Geschenk neuen Lebens zukommen läßt.

8. Zwischenbilanz

Wir haben den auf 1426 Seiten ausgebreiteten Entwurf Eugen
Drewermanns in Kürze – weithin mit seinen eigenen Worten –
skizziert und dabei versucht, deutlich zu machen, daß sein Ver-
dammungsurteil über die historisch-kritische Exegese weniger deren wirklicher Kenntnis entspringt, als vielmehr der bewußten
Wahl der Tiefenpsychologie als des eigentlichen hermeneutischen
Instruments einer im Wesen nicht mehr christlichen Religion des
Einzelnen. Daß man vielem, was Drewermann aus Religionsgeschichte und Psychologie referiert, zustimmen kann, besagt nichts
gegen das Urteil, daß er eine neue oder auch sehr alte Form von
Selbsterlösungsreligion propagiert, die mit der christlichen Tradition nicht übereinstimmt.
Allerdings bedeutet Drewermanns dringliche Suche nach Lebens-
bezügen zum biblischen Text eine indirekte Kritik am faktisch
gelebten Christentum, die äußerst ernst zu nehmen ist: Wo gibt es
lebendige Gemeinden, die anschaulich machen, daß sich die Verheißungen der Bibel nicht in erster Linie am Einzelnen, sondern an
der Glaubensgemeinschaft der *ekklesia* erfüllen? Wo zeigt sich die

spezifische, der Offenbarung entstammende, von bloßer Religion unterschiedene Erfahrung? Wo ist die messianische Praxis der Kirche? Wir kommen auf diese Fragen zurück. Vorher aber soll ein zweiter Teil folgen; in ihm wollen wir am Beispiel biblischer Texte, die von Drewermann besonders ausführlich behandelt werden, zeigen, wie sich dessen Hermeneutik auf die konkrete Auslegung der Schrift auswirkt.

II. Konkrete Schriftauslegung bei Eugen Drewermann

1. Wundergeschichten

Drei Wundergeschichten erklärt Eugen Drewermann besonders ausführlich: die Erzählungen vom Gerasener Besessenen, von der blutflüssigen Frau und der Tochter des Jairus (Mk 5). Dabei ist für seine Hermeneutik wesentlich, „das Wunderbare nur als äußeres Bild einer inneren Erfahrung zu verstehen" (II, 38). Denn die Wundergeschichten „beschreiben mit ihren Schilderungen wunderbarer Heilungen von vorwiegend körperlicher Krankheit und Not in typisierter Form gerade die Vorgänge, in denen seelische Ängste und Abspaltungen sich im Körpergeschehen objektivieren und durch spezifische Symbolhandlungen beseitigt werden (können). Auch in diesen Erzählungen werden also im Grunde innere Bewegungen nach außen verlegt und dort sichtbar gemacht; aber dieses Äußere ist jetzt nicht mehr der Raum der Natur oder der Raum der Geschichte, sondern die individuelle, körpereigene Physis; sie ist es, die in den ‚Novellen' zum projektiven Erfahrungs- und Darstellungsort des Heils wird" (II, 39).
Bei der Auslegung muß es entsprechend darum gehen, „zu zeigen, welche seelischen Erfahrungen, die an sich zu allen Zeiten und an allen Orten möglich sind, sich in den jeweiligen Erzählungen so verdichten, daß sie in der Form von scheinbar einmaligen und unerhörten Begebenheiten gleichwohl etwas Typisches, Allgemein-Menschliches zum Ausdruck bringen, dessen vorgestellte Realität zu einer *bestimmten* Zeit das Vertrauen in seine Möglichkeit zu *jeder* Zeit mit Recht begründen kann und soll" (II, 42).
Nach Drewermann „müssen wir religionsgeschichtlich und religionswissenschaftlich uns ein möglichst breites Vergleichsmaterial zum Verständnis der Heilungswunder verschaffen, um das in ihnen menschheitlich Gültige und für alle Zeiten Wesentliche herausarbeiten zu können; hernach wird es dann nicht schwer

sein, mit Hilfe der Tiefenpsychologie die Phänomene der Wunderheilungen zu deuten und eine entsprechende Methode zur Auslegung der Wundererzählungen vorzulegen" (II, 45).

Gemäß der hohen Bedeutung, die er auch sonst dem Gefühl
zuweist, meint Drewermann: „Um zu verstehen, was die Wundererzählungen sagen wollen, ja wovon sie überhaupt sprechen, darf
man mithin die Ebene des Gefühls und des Affektes gerade nicht
für etwas nur Vorläufiges oder Uneigentliches am Menschen halten, sondern man muß in ihr gerade die Mitte im Sein und Erleben
des Menschen erblicken, an der sich entscheidet, ob jemand an
sich selber krank oder gesund, heil oder zerrissen, menschlich
oder unmenschlich zu leben genötigt ist" (II, 62).

Drewermann sieht die christliche Theologie in einer Sackgasse; es
„kommt die christliche Apologetik und Hermeneutik auf das
Allernächstliegende am allerwenigsten: *die Wunder als Taten und
Tatsachen des Gefühls und des Affektes, nicht des Verstandes* zu
verstehen" (II, 64). Eine solche Exegese von Wundergeschichten
gebe es nicht, wenn nicht „klar würde, wie denn jemand *am
Anfang,* ursprünglich, für sich selbst zu dem Wunder des Glaubens kommt und welche Erfahrungen ihn dahin bringen, selber für
sich, wie die Wundererzählungen es überliefern, gegen alle Angst
das Laufen, das Sehen, das Hören, das Sprechen wiederzuerler-
nen" (II, 73).

Wie zum Verständnis der Religion überhaupt ist auch für das
Verständnis der Wunder von den Naturvölkern zu lernen, „denn
nur bei den ‚Primitiven' existiert noch ein geistig lebendiges
Koordinatensystem, innerhalb dessen Wunder möglich und wirklich sind" (II, 74). Von ihnen kann man rasch lernen, „daß das
Wunder gerade nicht darin liegt, eine gegebene Naturordnung
zu durchbrechen, sondern die gesamte Wirklichkeit der Welt und
des Menschen zu sammeln und wirksam werden zu lassen"
(II, 78).

Die Frage, worin das „eigentliche Wunder der Wunderheilung"
liege, beantwortet Drewermann mit einem Paradox: „Es liegt
nicht in der Durchbrechung der Naturordnung, sondern in deren
Wiederherstellung; es besteht nicht darin, etwas Geheimnisvolles

ins Werk zu setzen, sondern das Geheimnis der Wirklichkeit bewußt zu machen; es ist keine Verdunklung des Verstandes in Richtung von Irrwitz und Willkür, sondern eine Erleuchtung, eine Offenbarung jenseits des Verstandes in Richtung einer tieferen Einheit und Vernunft. Daß sich das Herz des Kranken aus seiner Enge löst und wieder weit wird bis zu den Enden der Welt, daß es aus seiner Haltlosigkeit zurückfindet in die Geborgenheit der Mitte, daß es sich von innen her getragen fühlt durch das Vorbild eines anderen, der selber gerade so im Zentrum aller Dinge sich wiedergefunden hat – *das* ist das eigentliche Wunder der Wunderheilung. Daß die Angst überwunden wird durch das Bewußtsein der universellen Güte aller Dinge – *dieses* Vertrauen zu vermitteln ist das Geheimnis, das *Wunder* der schamanistischen Heilung" (II, 116). Unwillkürlich stellt sich beim Leser der Eindruck ein, Drewermann gehe vom Modell der psychotherapeutischen Heilung aus, die er als Wunder interpretiert.

Er selbst sagt, daß ihm die schamanistische Heilung das Maß des Verstehens gebe: „Ein einziger Blick auf das Leben eines wirklichen Wunderheilers außerhalb des europäischen Kulturkreises kann zeigen, wie die Wunder der Heilung zu verstehen sind und vor allem: welch eine Wirkmacht einer unverfälschten Form von Religiosität zuzutrauen ist" (II, 123). Und Drewermann folgert aus dem Vergleich: „Somit sind die Wunderheilungen Jesu von den Heilungen der Schamanen weder in der Art noch im Sinngehalt noch in ihrer religiösen Kraft und Bedeutung wesentlich unterschieden" (II, 125), ein Urteil, das mit dem Befund der Evangelien, die Jesu Exorzismen und Heilungen mit der Ankunft der Gottesherrschaft, also mit einem eschatologischen Ereignis in Zusammenhang sehen, nicht zu vereinbaren ist.

Wie stark Drewermann Jesus vom Schamanismus her sieht, zeigt auch ein Seitenblick auf seine Deutung der Jesusgleichnisse: Dem gläubigen Menschen – schreibt er – ist alles „ein Bild und Zeichen seines Gottes. Nur so ist es verständlich, daß Christus als sein tiefstes Ausdrucksmittel die *Gleichnisrede* fand – die ganze Welt als Poesie des Großen Geheimnisses, das er mit der Weisheit der Schamanen ‚Vater' nannte" (II, 128).

Daß damit die Rede Jesu vom „Vater" historisch und theologisch zutreffend geortet wäre, wird kein Kritiker Drewermann einräumen können. Im Gegenteil, es zeigt sich von neuem, wie Drewermanns „Religion" nahezu alle geschichtlich konkreten Konturen verwischt. Drewermann wünscht auch, „daß man in der Gleichartigkeit und Gemeinsamkeit des Christentums mit den anderen Religionen eher ein Argument für die Wahrheit, Menschlichkeit und Natürlichkeit des eigenen Glaubens erblicken würde" (II, 133) – nur daß die christliche Tradition ihren Glauben für „übernatürlich" ansieht!

Drewermann versteht Jesu Wunderkraft so: „Die Kraft aber, durch die er wirkte, war, wie bei den anderen Wunderheilern der Antike, wie bei den Schamanen der Stammesreligionen, das eigene Vertrauen, Berge versetzen zu können (Mk 11,23), sowie das aus Not und Leid geborene Vertrauen der Kranken und ihrer Angehörigen, von Gott nicht gänzlich verlassen zu sein" (II, 176).

Im übrigen sucht Drewermann einen Zugang zu den Wundererzählungen von der „Psychosomatik der verdrängten Angst" (II, 206) her: „Mit Hilfe derartiger Kategorien wird es legitim und möglich sein, auch die Wundererzählungen der Bibel (oder anderer Zeugnisse der Religionsgeschichte und Ethnologie) als Typen einer psychoneurotischen und psychosomatischen Kasuistik zu interpretieren" (II, 206). Er sieht in der Kenntnis der Hauptformen der Neurose die Möglichkeit gegeben, „bereits aus der Schilderung einzelner Krankheitsformen in den Wundererzählungen auf bestimmte Problemstellungen und Gefühlskonstellationen im Umkreis der Erkrankung rückschließen zu können" (II, 224). Denn die Wundergeschichten sind „erfüllt von einem außerordentlich tiefen Wissen um psychosomatische Zusammenhänge" (II, 238).

Für die Interpretation der Wundergeschichten, die als „Geschichten zu verstehen (sind), in denen die Archetypik und Psychodynamik des Unbewußten in das Körpergeschehen bzw. – bei den Naturwundern – in die menschenförmig vorgestellte Natur hineinprojiziert wird" (II, 310), stellt Drewermann schließlich „Regeln und Erkenntnisse" zusammen (II, 239–246), die ebenfalls bei

52

der Auslegung der drei Erzählungen aus dem fünften Kapitel des Markusevangeliums vorausgesetzt und teilweise zum Zug gebracht werden:

a) die Wahrheit der Topik und Typik der Wundererzählungen;
b) die Allgemeinheit menschlicher Not in den Wundererzählungen;
c) der Gegensatz von Angst und Vertrauen als Parameter der Hermeneutik;
d) die psychosomatische Diagnostik der Angstzustände;
e) die Methode der Einfühlung sowie die Verdichtungs- und Vollständigkeitsregel;
f) die Symbolik der Umstände;
g) die symbolische Antwort des Heilungsvorgangs;
h) die Einheit von priesterlichem und ärztlichem Tun;
i) die Einheit von Gottfindung und Selbstfindung.

Hierzu wenigstens kurz das Folgende: Drewermann meint: Die Wundergeschichten reduzieren „sich für die Exegese ... entweder in rein pietistischer Orthodoxie auf ein bloßes Aussagemittel ohne Wichtigkeit des konkreten Inhaltes, oder sie entwerten sich in einem liberalen Historismus vollends als theologische Problem-Dokumente von Magie, Wundersucht und Aberglaube. Erst eine tiefere psychologische Betrachtung kann die Wundererzählungen wieder in ihre Rechte einsetzen. Denn mit der Topik ihrer Motive verweisen sie *psychologisch* gerade auf eine ubiquitäre Gleichheit des Empfindens und Vorstellens, die von sich her, besonders in ihrer dramatischen Steigerung, überhaupt erst diejenigen Kräfte im Menschen zu mobilisieren und freizusetzen vermag, die das ‚Wunder‘ einer Heilung ermöglichen" (II, 239). Die Topik und Typik der Wundergeschichten bedeuten für Drewermann im Sinne dieser stimulierenden Kraft „eine Aufhebung des geschichtlich Einmaligen in das Ewig-Gültige" (II, 240).

Nun dient allerdings die Analyse der topischen Züge von Wundergeschichten, also ihres schematischen Aufbaus und ihrer zum Teil formelhaften Wendungen und Motive, in der historisch-kritischen Exegese – soweit sie methodisches Bewußtsein wirklich ausgebildet hat – vor allem dazu, das geschichtlich Einmalige des jeweiligen Textes und der in ihm überlieferten Ereignisse und/oder Glaubenserfahrungen zu erkennen. Und daß die Wundergeschichten darauf zielen, die Glaubensgemeinschaft in ihrem Heilungsauftrag zu unterstützen, hat die kritische Exegese durchaus erkannt. Sie kann freilich diese Erkenntnis nur weiterreichen; es liegt an den Gemeinden, ob sie ihren Heilungsauftrag begreifen und ergreifen – ob nämlich die Menschen in ihrer Mitte aus der Kraft des gemeinsam gelebten Glaubens wieder heil werden können.

Nach Drewermann sind die Wundergeschichten „prinzipiell Geschichten von und für jedermann" (II, 240), weil sie „allgemein menschliche, typische Nöte und Notlagen widerspiegeln" (ebd.). In Wirklichkeit bringt das biblische Unterscheidungswissen bedeutend mehr zur Sprache: Nicht nur psychosomatische Diagnosen, sondern auch theologische Urteile. Die Bibel stellt den Zusammenhang von Unglaube, sozialer Desintegration, Sünde und Krankheit heraus.

Drewermann meint, die Wundergeschichten hätten mit ihrer Rede vom „Glauben" „nicht einen spezifisch christlichen Glauben, sondern ein fundamentales Vertrauen gegenüber einer fundamentalen Angst" im Blick (II, 240). Damit hat er einen entscheidenden Zug der neutestamentlichen Wundergeschichten nicht begriffen: daß sich nämlich in diesen Geschichten das Vertrauen der Hilfesuchenden auf den Wundertäter Jesus, den messianischen Repräsentanten Gottes, richtet. Daß es heute ein analoges Zutrauen zur messianischen Gemeinde geben müßte, das sich genauso heilend auswirken könnte, muß dann ganz fern liegen.

Drewermanns Beschränkung auf eine psychosomatische Diagnostik veranlaßt ihn, die Wundererzählungen „so zu lesen, wie sie in der psychosomatischen Medizin bzw. in der Tiefenpsychologie gedeutet werden" (II, 241). Er übersieht bei dieser hermeneutischen Anweisung, daß die neutestamentlichen Erzählungen gerade in der Hilfestellung für eine medizinische Diagnose äußerst zurückhaltend sind und häufig nicht mehr sagen als: blind, taub, lahm, tot. Der Grund für diese Zurückhaltung der biblischen Wundererzählungen dürfte im folgenden liegen: Sie zielen mit ihrer Symbolik mehr auf die Glaubensgeschichte des Gottesvolkes und seiner Glieder als auf die Herausstellung konkreter Krankheitsformen. Für Drewermann freilich sind diese Krankheitsformen genau erkennbar. Er bestimmt sie durchweg als „Fehlverarbeitungen schwerer Ängste" (ebd.).

Entsprechend schlägt er als Auslegungsregel vor: „Die Art der Heilung selbst ist durchaus als symbolische Form der Angstbearbeitung im Hintergrund der Krankheit zu verstehen" (II, 243); Verstehensmodell ist also die Psychotherapie oder die schamanistische Heilung. Könnte sich Drewermann an der heilenden Kraft der Glaubensgemeinschaft orientieren, geriete seine an sich sehr schöne Bestimmung der Wundergeschichten in einen neuen Horizont: „Es geht ihnen ... wesentlich darum, an möglichst vielen Inhalten, so konkret wie irgend möglich, zu zeigen, was ‚der' Glaube im menschlichen Leben angesichts der Daseinsangst im Untergrund aller seelisch bedingten oder verursachten Krankheitsformen heilend bewirkt" (II, 244).

Irrig ist Drewermanns Auffassung von der Einheit priesterlichen und ärztlichen Tuns, die ihn dazu verleitet, gegen den Textbefund der Evangelien zu behaupten, die Wundererzählungen seien „nicht daran interessiert, dem Wundertäter selbst einen besonderen theologischen Titel zu verleihen" (ebd.). In der Erzählung vom Besessenen in der Synagoge zu Kafarnaum wird Jesus „der Heilige Gottes" (Mk 1,24) genannt; am Schluß der Erzählung von der Erweckung des Jünglings von Nain wird Jesus als „ein großer Prophet" (Lk 7,16) gepriesen; und in der Seewandelerzählung huldigen ihm die Jünger: „Wahrhaftig, du bist Gottes Sohn" (Mt 14,33).

Ganz übersehen ist bei Drewermann der Zusammenhang des Wunderwirkens Jesu mit seinem Bemühen um die Sammlung Israels zum eschatologischen Gottesvolk, von dem Jahwe die Krankheiten wegnimmt und fernhält. Die Zeugen des Wunders von Nain bekennen Jesus nicht nur als großen Propheten, sondern rufen auch aus: „Gott hat sich seines Volkes angenommen" (Lk 7,16). Die Evangelisten rücken diesen Aspekt ins Zentrum, während Drewermann – im Sinne der Konzeption seiner individuellen

Jenseitsreligion – die Beruhigung der „Angst des menschlichen Daseins von Gott her" hervorhebt und Jesus als Priester und Arzt (was er beides so nicht war) den Menschen die Hand auflegen und jedem Einzelnen von ihnen verkünden läßt, „wie nahe Gott auch seinem Herzen ist (Mt 10,7)" (II, 244). Daß damit Jesu Verkündigung von der Nähe der Gottesherrschaft, auf die Drewermann verweist, grundlegend mißverstanden ist, haben wir schon angemerkt.

Drewermann möchte die Tauglichkeitsprobe seiner Hermeneutik an einer Erzählung „wagen, an der die historisch-kritische Methode sich förmlich die Zähne ausgebissen hat und notgedrungen wohl auch ausbeißen muß" (II, 246), an der Erzählung der Heilung des Besessenen von Gerasa (Mk 5,1–20).

Die von der historisch-kritischen Exegese aufgewiesenen „Aporien, Ungereimtheiten und Widersprüche" sollen „wie von allein verschwinden, wenn man die Feststellung und Diskussion toter Fakten aufgibt und sich statt dessen der lebendigen Bedeutung des Mitgeteilten widmet; einen besseren Beweis für die Richtigkeit und Angemessenheit einer Methode und ihrer Fragestellungen dürfte es jedenfalls kaum geben, als daß sie eine Perspektive eröffnet, in der ein an sich disparat erscheinendes Material sich harmonisch zusammenfügt und ordnet" (II, 247).

Nach der Vorstellung des Textes in der Übersetzung von Fridolin Stier behandelt Drewermann zunächst „1) Historisch-kritische Fragen und Ergebnisse" (II, 247–251). Er schildert einige Aporien und Ungereimtheiten und resümiert dann: „Mit einem Wort: nichts in dieser Erzählung geht so zu, wie es in vielen anderen Wundererzählungen geschildert wird" (II, 248).

Für die Versuche, die Traditions- und Redaktionsgeschichte der Erzählung zu rekonstruieren, soll R. Pesch's „gründliche Monographie hier als Exempel dienen" (II, 249); Drewermann referiert die Seiten 44–48 von *R. Pesch, Der Besessene von Gerasa* (Stuttgart 1972). Eine exegetische Auseinandersetzung führt er nicht; vielmehr dient ihm die Studie Pesch's als Exempel seines längst gefällten Verdammungsurteils über die historisch-kritische Exegese. Dieses Verdikt lautet jetzt – bei Schonung des Autors R. Pesch:

„Es verdient hervorgehoben zu werden, daß die Studie von R. Pesch im Rahmen der historisch-kritischen Methode vorzüglich gearbeitet ist; man kann gewiß in jedem Punkt seines Rekonstruktionsversuches anderer Meinung sein, aber solange man Bibelexegese historisch-kritisch betreibt, wird man notwendigerweise im wesentlichen dasselbe Ergebnis erhalten: eine Reihe von Hypothesen... An die Stelle persönlicher Erfahrungen, wirklicher Erlebnisse und menschlich begreifbarer Gefühle treten jetzt einander oft ergänzende, mitunter auch widersprechende Ideologiebildungen bestimmter Gruppen innerhalb der frühchristlichen Gemeinde... Die Theologie, die Schriftgelehrsamkeit, ist mithin an die Stelle des wirklichen Lebens getreten, und man muß schon selbst zu einem schriftgelehrten Theologen geworden sein, um nicht angesichts einer solchen Isolation des ‚Glaubens‘ von der wirklichen Erfahrung den Eindruck einer tiefen Haltlosigkeit und einer verzweiflungsvollen Unwahrheit zu verspüren" (II, 250).

Wird diese Kritik der Auslegung der Gerasener-Erzählung, wie R. Pesch sie vorgelegt hat, gerecht? Schon deshalb nicht, weil Drewermann die „Auslegung" gar nicht vorstellt, sondern nur die Rekonstruktion der Traditions- und Redaktionsgeschichte. Und nur diese Beschränkung erlaubt Drewermann die – trotz mancher Berechtigung – überzogene Kritik und die Entgegensetzung seiner Vorschläge: „Empfände man demgegenüber sich selber als unmittelbaren Zeugen oder Betroffenen von Begebenheiten, wie sie hier geschildert werden, so müßte das ganze eigene Empfinden und Gefühl zutiefst aufgerührt sein. Wie furchtbar hat der Besessene von Gerasa gelitten, und – sogleich in die Gegenwart übertragen – wie furchtbar leiden Menschen auch heute noch unter der Qual ihrer Seelenzerrissenheit! Und wer von ihnen bedürfte nicht, wie dieser Besessene damals, eines Menschen, in dessen Nähe es möglich würde, buchstäblich wieder ‚zur Vernunft‘ und zu einem ‚ruhigen‘ Besitz seiner selbst zu gelangen, ganz so, wie es in Mk 5,15 angedeutet wird! Doch um zu merken, was die Erzählung von dem Besessenen von Gerasa auf diese Weise uns Heutigen sagen könnte, darf man sich gerade nicht für die urkirchliche Gemeinde vor 1900 Jahren interessieren, die diese Geschichte übernommen bzw. erfunden hat – man muß sich für das interessieren, was die Geschichte selber wirklich berichtet: für die Personen der Erzählung, für ihre Gefühle, für ihre Angst, für ihre Ausweglosigkeit und Verzweiflung, für ihre Ohnmacht und für ihre Ausgeliefertheit, kurz: für die *menschliche*, nicht für die ‚historische‘ Seite der Wundererzählung muß man sein Herz aufschließen, um zu verstehen, wie sehr der Leser auch heute noch in den Erfahrungen und verdichtenden Bildern einer solchen Erzählung selbst vorkommt und was er darin von Gott her heilend und helfend zu finden vermag" (II, 250f).

Es ist eine methodische Entscheidung von erheblicher Tragweite, ob ein Ausleger aus der Perspektive des Erzählers (des Textes) kommentiert und sich dazu notwendig „für die urkirchliche Gemeinde vor 1900 Jahren" interessiert oder ob er sich allein für die in der Geschichte vorgestellten Personen interessiert. Die in einer Erzählung erzählte Welt und die Welt des Erzählers (im Fall der Evangelien: die neutestamentlichen Gemeinden mit ihrer Glaubens- und Heilserfahrung, die ihnen die Jesusüberlieferung aufschließt) hängen zusammen.

Das, „was in den Menschen, von denen die Erzählungen berichten, vor sich geht", kann deshalb nicht „die eigentliche Ebene der Aussage" sein, weil es nicht ausgesagt ist. Es kann die Ebene *unseres* Fühlens sein, unseres Einfühlungsvermögens. Aber damit wird die Exegese unter Umständen schnell zur Eisegese. Bei Drewermann wird dieser Umschlag in die Eisegese sogar methodisch gerechtfertigt: „Einzig indem wir uns *den Menschen* (statt den Entstehungsbedingungen) der Wundererzählungen nähern, kommen wir uns selber näher, und nur in dem wachsenden Verständnis, das wir für uns und andere entwickeln, werden wir einander jenseits der historischen Grenzen von Raum und Zeit näherkommen" (II, 251).

Was ist das für ein Jenseits? Das der Träume? Das Jenseits der archetypischen Bilder der Seele? Drewermann läßt die Frage offen und verwischt eine Antwort in einer anthropologischen Einebnung der Theologie: „Nur in der Nähe eines anderen Menschen ‚verkündet‘ Gott die Macht *seiner* Nähe, und nur, indem wir einander näherkommen, wird irgendeine Verkündigung Gottes durch Menschen das Herz von Menschen erreichen" (II, 251). Die historisch-kritische Auslegung weiß davon, „daß die scheidende Wirkung des Auftretens Jesu auch in der christlichen Mission auf heidnischem Boden fortdauert. Der Einbruch des Heils in die Heillosigkeit bringt die Welt allerorten in die Unterscheidung zwischen Tod und Leben" (R. Pesch, Mk [4]I, 294).

Im Blick auf Drewermanns Interpretation stellt sich die Frage, ob er wenigstens am konkreten Beispiel einzuholen vermag oder einzuholen bereit ist, was er beim Vergleich der Heilkunst Jesu mit derjenigen der Schamanen ausgeführt hatte: „Was der Schamane durch den Ritus vermitteln möchte: daß der Kranke zur Einordnung in das Ganze und zur Mitte der Welt zurückfinden möge, bewirkt Jesus *fast ausschließlich* durch seine eigene Person" (II, 138). In der Zeit der Kirche ist Jesu Nachfolgern, seiner Gemeinde, das Wirken in seinem Namen aufgetragen. Es geht nicht um „irgendeine Verkündigung", sondern um die „apostolische", die an Umkehr und Nachfolge und kirchlichen Glauben gebunden bleibt und deshalb nicht ubiquitär-allgemeinmenschlich sein kann.

Drewermann beginnt seine eigentliche Textauslegung mit dem Einfühlen in die Situation des Besessenen: „2) Wenn das Leben zum Grab wird" (II, 251–253). Er stellt „die Gestalt eines Mannes vor unser Auge, dessen ganzes Leben sich zu einem ‚Unleben' deformiert hat", eines lebendig Toten (II, 252). Da es für Drewermann „im Grunde zum Verständnis dieses *Typs* von Daseinszerstörung nicht entscheidend ist, worauf im einzelnen man ein solches Gefühl innerer Verwüstung psychogenetisch zurückführen kann" (II, 252), vermag er – wie bei Traumassoziationen –, die Gestalt eines solchen Grabbewohners anhand von W. Borchert's „Beckmann" aus dem Stück „Draußen vor der Tür" vorzustellen und schließlich zu erklären. „Es genügt, sich in das Leben so vieler Verzweifelter einzufühlen, deren Dasein, kaum daß es wirklich begonnen hat, von der düsteren Magie des Todes bis zur Unentrinnbarkeit heimgesucht wird: all die ‚langsamen Selbstmörder', die Süchtigen, die Drogenabhängigen, die ohne

Alternative Ausgestiegenen, die Haltlosen, die sich Verlierenden..." (II, 253).

Die tiefenpsychologische und anthropologische Interpretation Drewermanns, so hilfreich sie ist, verliert dabei allerdings das biblische Unterscheidungswissen aus dem Blick, das sich in Mk 5,3–5 mit den Anspielungen auf Jes 65 anzeigt. Diese Anzeige nimmt Drewermann nicht ernst, weil er sich nur für „das menschliche Schicksal", nicht für die „zerstörerisch-chaotische Macht heidnischen Unwesens" interessiert (II, 248 Anm. 2).

Der Verweis auf Jes 65 ist nach dem Heilserfahrungswissen der Kirche jedoch für die Psychogenese, die hinter Mk 5,3–5 steht, und für das Verstehen und die Heilung solcher Krankheit wichtig. Die, welche „schreien vor Schmerz und heulen vor Verzweiflung" (Jes 65,14), sind diejenigen (oder die Abkömmlinge derjenigen), die „trotzig und eigensinnig" ihren Weg gingen, obwohl JAHWE seine Arme nach seinem Volk den ganzen Tag ausstreckte (Jes 65,2). Besessenheit, Tobsucht, ein „Leben im Grab" hat mit Verweigerung, mit Unglaube, mit Götzendienst zu tun. Die Katastrophe eines solchen Lebens ist (sozial gesehen) auch umfassender, als durch bloß mitempfindendes Einfühlen, so ansprechend es sein mag, aufgewiesen werden kann.

Läßt man nicht gelten, daß in Mk 5,3–5 „die zerstörerisch-chaotische Macht heidnischen Unwesens symbolisch-polemisch vorgestellt" ist (R. Pesch, Mk [4]I, 286), so verbaut man sich den Zugang zur theologischen Interpretation von Krankheit und Heilung – vielleicht weil man keinen Zugang zur Realität des Heilsraumes der neutestamentlichen Gemeinde gefunden hat, sondern nur einen solchen zur Heilkraft der Bilder der Seele. Ist denn ernsthaft genug damit gerechnet, daß auch die Bilder der Seele unheilvoll entstellt sein können?

Drewermann führt seine Auslegung fort mit einer Betrachtung „3) Die Hölle der Freiheit" (II, 253–256): „Zu den furchtbaren Wahrheiten der Erzählung von dem Besessenen von Gerasa zählt es, daß gerade diejenigen, die der Hilfe anderer an sich am meisten bedürften, ihre Mitmenschen oft geradezu wie eine Bedrohung fürchten und daß die anderen mit ihren (oft sogar gut gemeinten)

Hilfeversuchen immer wieder die soziale Angst und die Kontakt-
abwehr bei den Betroffenen nur verstärken" (II, 253). Drewermann fühlt sich in „das eigentliche Geheimnis des ‚Besessenen'"
so ein, daß er „Verfolgungsangst" diagnostiziert, die an „schizoid-
paranoische Zustände" gemahnt und in der Helfer nur als „Feinde
und Gegner, als Kettenbringer und Fesselträger, als Zwingherren
und Freiheitsräuber erscheinen" (II, 254). Er nimmt zur Erläute-
rung „die Philosophie des französischen Existentialismus" und das
mit „Angst" betitelte Bild von Edvard Munch zu Hilfe. Und so
kommt er zur Vermutung, womöglich sei „es nicht nur der
Teufelskreis von tödlicher Angst und mörderischer Freiheitssu-
che, die diesen Mann in die Grabhöhlen verbannt und ihm das
unauslöschliche Signum der Unreinheit aufprägt, sondern es
könnte sein, daß das Gefühl der ‚Unreinheit' existentiell, nicht
kultisch, die eigentliche Basis all der Verzweiflungsausbrüche und
eruptiven Aggressionsentladungen dieses ‚Besessenen' bildet"
(II, 256). Drewermann konstatiert schließlich „Selbsthaß" und
„Selbstablehnung" im fanatischen Kampf um „Freiheit und Selbst-
behauptung". Die Tobsucht wird in ein poetisches Bild verflüchtigt: „Besonders seine scheinbar enorme Entladung von Kraft und
Energie erweist sich in Wahrheit als ein Phänomen innerer Leere,
als der Wirbel eines Taifuns, gelagert um ein Unterdruckgebiet
vollkommener Stille" (II, 256). Wieso die Evangelien von „Beses-
senheit" erzählen, bleibt unerklärt.
Der Titel „Hölle der Freiheit" ist nicht mehr am Text, sondern an
Analysen der Existenzphilosophie orientiert: „Inmitten seiner
Angst ist das Selbst des Menschen seiner eigenen Zerrissenheit
schutzlos und unentrinnbar ausgesetzt..." (II, 255). Von der
„Besonderheit und Schwere" eines „Falles von Besessenheit" (R.
Pesch, Mk [4]I, 285) ist nicht mehr die Rede. Die neutestamentlichen
Erzähler trugen bei ihrer Diagnose auch dem Umstand Rechnung,
daß die Besessenheit sich mit heidnischen Riten verbindet und so
erkennbar wird: „Der Besessene verkörpert also heidnisches Un-
wesen" (R. Pesch, Mk [4]I, 286). Von daher bekommt auch im
Horizont biblischen Unterscheidungswissens die Frage nach der
Möglichkeit der Heilung eines so unmöglichen Falles ihr Profil.

Drewermann stellt die „alles entscheidende Frage" so: „Wie ist es möglich, einem Menschen näherzukommen, der seine eigene Nähe nicht erträgt und deshalb auch die Nähe eines jeden anderen nur fliehen kann?" (II, 256). Die Fixierung auf die falsche Frage macht ihn sogar für den Textbefund blind. Denn die neutestamentliche Erzählung hebt deutlich auf die Person Jesu, durch den Gott am Besessenen handelt, ab, nicht auf „einen jeden anderen" in beliebiger Begegnung.

Drewermann behandelt dann in einem weiteren Abschnitt „4) Die Qual der Krankheit und der Heilung" (II, 256–264). Daß „Besessene" die Nähe des Heiligen Gottes, der Heiligkeit, die ihnen in Jesus begegnet, abwehren, ist auch Mk 1,23–28 belegt und gehört zur Topik der Austreibungserzählungen. Drewermann behauptet aber, es geschehe, „was nirgends sonst in der Bibel berichtet wird: daß jemand kniefällig Jesus bestürmt, ihm *nicht* zu helfen und ihn, buchstäblich um Himmels willen, in Ruhe zu lassen" (II, 257). Drewermann übersieht dabei auch, daß es für den Zug der „Gegenwehr des Dämons" (R. *Pesch*, Mk ⁴I, 287) Parallelen in außerbiblischer Literatur gibt; auch in Philostrats Vita Apollonii IV bittet ein Geist, der Exorzist möge ihn nicht quälen!

Freilich wird alsbald deutlich, warum Drewermann solche Informationen übersieht: damit er rascher die Psychoanalyse zu Hilfe rufen kann! „So unbegreiflich ein derartiger Hilferuf zur Nichthilfe erscheinen mag – in der psychotherapeutischen Praxis stellt er keineswegs die Ausnahme, sondern in gewisser Weise den Normalfall dar... Der bittere Ruf: ‚Quäle mich nicht', erschallt unausgesprochen oder laut herausgeschrien immer wieder in jeder Psychotherapie, die mehr ist als ein Glätten der Symptome an der Oberfläche" (II, 257). Dieses Wissen aus der psychotherapeutischen Praxis ließe sich – bei weniger Aggressivität gegen die historisch-kritische Exegese – durchaus mit den historisch-religionsgeschichtlichen Informationen verbinden, die man um tiefenpsychologischer Auslegung willen (die im Einzelfall ja durchaus hilfreich sein kann) gar nicht verleugnen müßte.

Drewermann stellt dann die Frage, „woher eigentlich das ‚dämonische' Wissen um Gott gerade bei einem Menschen stammt, der von Gott so wenig wissen will wie der Besessene von Gerasa bzw. der den Namen Gottes nur im Munde führt, um von Gott loszukommen" (II, 257). Auch diese Frage beantwortet er nicht im historischen Kontext, sondern mit Sören Kierkegaard und dessen Einfühlung in das latente „Schicksal eines jeden Menschen außerhalb des Glaubens": die Menschen seien *wesentlich* Sünder … aus Angst" (II, 258). Das Wesen des Dämonischen sei „Angst vor dem Guten, als die sichere Qual, in seinem ganzen Dasein durch das Gute vernichtet zu werden. Nur weil diese Gefahr so deutlich empfunden wird, entsteht die paradoxe Hellsichtigkeit der Dämonie: sie weiß genau, was sie retten könnte, aber gerade davor fürchtet sie sich am meisten" (II, 258). Kierkegaards Geleit führt Drewermann zu der Auslegung, daß die „Verzweiflung" (als „ein Mißverhältnis zu sich selbst") „zu einem Verzweiflungskampf gegen die einzige Form der Wahrheit gerät, durch die sie erlöst werden könnte" (II, 258 f).

Von der Spur dieses Geleits irrt Drewermann dann mit seiner „Traumassoziation" zu dem Propheten Jona ab, der in Jona 1,9 „dem Zustand einer solchen unendlichen Verzweiflung entspreche" (II, 259). Als ob für Jona, wenn er in 1,9 das israelitische Bekenntnis zum Schöpfer spricht, „Gott in diesem Augenblick nur noch als Schöpfer des ‚Meeres'", des „furchtbaren Abgrunds" erscheint? Drewermann erzwingt gegen den Wortlaut des Textes („Ich verehre Jahwe, den Gott des Himmels, der das Meer und das Festland gemacht hat") diese Auslegung, damit er schließlich folgern kann: „Der ‚Walfisch' des Jona bedeutet symbolisch nichts anderes als ein Leben in den Grabhöhlen von Gerasa – ein Dasein ohne Aussicht, weil die einzige Rettung, die in Gott und in der Wahrheit der eigenen Berufung liegt, sich in den Herd einer panischen Angst verwandelt hat" (II, 259 f). Das Jonabüchlein stellt doch gerade dar, wie die heidnischen Seeleute in panische Angst gerieten, während Jona schlief, bevor er geweckt und zu seinem Bekenntnis aufgefordert wurde.

Der Blick auf Jona verschafft Drewermann dann den Übergang zum Einfühlen in unser normales Schicksal: Wir alle leben „im letzten wie Untote in unsichtbaren Grabkammern" und zeigen,

„daß man die eigene Wahrheit nicht zu leben sich getraut aus Angst vor der Meinung der (oder aller) anderen" (II, 260). Wieder will Drewermann „die entscheidende Alternative der menschlichen Existenz zwischen Angst und Glauben einfühlbar und einsichtig" machen: „Was jedenfalls die Gestalt des Besessenen von Gerasa in ihrer Widersprüchlichkeit auf erschütternde Weise deutlich macht, ist gerade diese absolute Konfrontation, dieser äußerste Widerstand, der einsetzt, wenn ein Mensch, der nur aus Angst besteht, auf seinen Erlöser trifft" (II, 261).

Wieder, wie auch sonst, wählt Drewermann bewußt Formulierungen, die Allgemein-Menschliches assoziieren lassen, nicht aber das Besondere von Berufung, Verweigerung, Sünde, Erlösung.

Nachdem ausführlich die „Qual der Krankheit" vorgestellt ist, wird die „Qual der Heilung" beschrieben: „Doch gerade diesen Widerständen muß Jesus sich stellen, ja er muß sie förmlich provozieren und auf seine Person konzentrieren, sonst werden die alten Ängste und Fehleinstellungen des Besessenen zu sich selber und zu allen Menschen ringsum niemals aufhören" (II, 261 f.). Flugs ist Jesus von Drewermann zum Psychotherapeuten gemacht worden. Der Text gibt dafür keinen Anhaltspunkt!

Aber darf Jesus, vom Besessenen „wie ein ‚Störenfried', wie ein Fremder in seinem Territorium empfunden, in dem er nichts zu suchen hat", den „Menschen gegen seinen Willen ‚behandeln'? Gibt es eine Erlaubnis, einen Menschen zu seinem Heil gewissermaßen hinzuquälen?" (II, 262) Drewermanns Antwort lautet, es gebe „für einen Therapeuten von der Art der Priesterärzte keine Wahl: Gott hat ein Recht, daß seine Schöpfung nicht durch Angst verwüstet wird, und es ist nicht erlaubt, vor der Macht des Bösen zu kapitulieren" (II, 263). Auch diese Antwort, in der nun scheinbar theologisch argumentiert wird, genauer betrachtet freilich religionsphänomenologisch, ist keine Auslegung des Textes, sondern eine Ermächtigung psychotherapeutischer Praxis, in welcher der Therapeut dem Patienten „den *versteckten* Wunsch mehr glauben muß als den Wortlaut seiner Reden" (II, 263). Wiederholt wird deutlich, daß Drewermann beabsichtigt, Jesus in Analogie zum Psychotherapeuten als Therapeuten darzustellen, so auch zu Beginn des folgenden Abschnitts „5) ‚Was ist's um Deinen Namen?'" (II, 264–267): „Was sich in dieser Frage nach dem Namen in der Erzählung von dem Besessenen von Gerasa auf ein einziges Moment zusammendrängt, macht in Wirklichkeit das Geheimnis einer jeden Psychotherapie aus und kann dort oft viele Jahre in Anspruch nehmen" (II, 264).

Konsequent erläutert Drewermann nun auch den Fall des Gerasener Besessenen mit Fallbeispielen aus seiner eigenen psychotherapeutischen Praxis: Es geht um innere Zerrissenheit: „Man darf annehmen, daß es vor allem diese Erfahrung innerer Zerrissenheit und Ausgeliefertheit ist, die als Kern dessen gelten muß, was in der Bibel als ‚Besessenheit' beschrieben wird und was als Erfahrung von einem jeden Menschen mehr oder minder mitempfunden werden kann" (II, 265). Damit ist Besessenheit nur noch psychopathologisch, nicht mehr theologisch ausgelegt; einmal davon abgesehen, daß das Spektrum der Evangelien bei der Schilderung von Besessenheitsfällen ohnehin breiter ist.

Drewermann holt sich Assoziationen beim Film und bei Dostojewski's Roman „Die Dämonen". Schließlich ist dann als Diagnose des Falles die „Psychose" im Blick: „Die Frage ‚Wer bist Du?' oder ‚Wie heißt Du?', wandelt sich in der Antwort des ‚Besessenen' von der ‚Legion' im Grunde zu einer Frage nach den Menschen, die in so grauenhafter Weise, ob sie es wollten oder nicht, schon in der Zeit der frühen Kindheit das Ich eines solchen Menschen bis zur Unkenntlichkeit deformiert haben" (II, 267); entsprechend kann der Einzelfall wieder zum Menschheitsfall werden: „Solche Erzählungen verdichten mit einer unübertrefflichen Wahrheit, Sensibilität und Präzision die Zustände seelischer Not und Einsamkeit, wie sie zu allen Zeiten im Menschen angetroffen werden" (II, 267).

Daß die „Namenerfragung" (vgl. *R. Pesch*, Mk [4]I, 288f) zum exorzistischen Ritual gehört, Jesus im Text also als „Exorzist" (und nicht einfach als Psychotherapeut) vorgestellt ist, wird von Drewermann schweigend übergangen. Er läßt den Text nicht wirklich zur Sprache kommen. Statt dessen spricht er seine Interessen ständig in den Text hinein.

So auch beim Einfühlen in den Exorzismus und den Vorgang der Heilung im Abschnitt „6) Durcharbeiten und Ausagieren" (II, 268–270). Für den Besessenen gibt es nur „Erlösung", „wenn er seine ‚bösen Geister' in einer enormen Orgie aggressiver Zerstörung nach außen abgibt" (II, 268). Drewermann erinnert zum Verständnis an die „Tobräume" der Jugendpsychiatrie und liest die Geschichte von der Schweineherde als Traum „von einer Art *magischer Tötung"*: „In der Geschichte von dem Besessenen von Gerasa kann man in ähnlicher Weise die gesamte Szene von den Schweinen mit gewissem Recht für eine phantastische Symbolhandlung halten, die sich rein in der Vorstellung, sozusagen in Form bloßer Traumsequenzen, abspielt: alles, was an ‚Unreinem', für ‚säuisch' Gehaltenem, ‚Viehischem' in dem ‚Besessenen' lebt, muß ein für allemal gegen die Aufsicht der ‚Schweinehirten', gegen die Kontrolle des Überichs freigesetzt und ausgetobt werden dürfen, bis es sich endgültig entleert hat und getrost im ‚Meer' des Unbewußten versinken kann" (II, 269). Wieder übersieht Drewermann das Ritual von „Konzessionsbitte" und „Epipompe" sowie das Phänomen der Substitution (vgl. *R. Pesch*, Mk [4]I, 289–291); und wieder interpretiert er Jesu Exorzismus als Psychotherapie: „Was muß ein Mensch tun dürfen, um aus dem Abgrund der Fremdgelenktheit, des seelischen Besatzungszustandes und der inneren Ausgeliefertheit zu sich selbst zurückzufinden? Im Sinne der Wunderheilung von dem Besessenen bei Gerasa kann man nur sagen: *alles* muß ein Mensch tun dürfen, was nötig ist, um zu sich selbst zu finden..." (II, 269f).

Im folgenden Abschnitt „7) Der Widerstand der Schweinehirten" (II, 270–272) bringt Drewermann „die Herausforderung, die eine solche generelle Erlaubnis zur Nachreifung und Selbstentfaltung an die Umgebung stellt" (II, 270), zur Sprache. Als Material der ‚Traumassoziation' dient ihm jetzt Pier Paolo Pasolinis Film „Teorema". Ein Blick auf die „Kosten der Heilung", und man begreift „durchaus den abgrundtiefen Haß, die tödliche Herausforderung, den furchtbaren Schrecken, den Jesus durch sein bloßes Auftreten und Wirken, durch die Kraft seiner Person, durch die Sprengkraft seiner bloßen Freiheit entfachen mußte" (II, 271f).

Da sich Drewermann von der Textauslegung noch weiter löst, kann er nun ungehemmt phantasieren: „In der Tat, der besonders von Markus immer wieder geschilderte unerbittliche Kampf zwischen Jesus und den ‚Dämonen‘ ist keinesfalls nur eine spätere Mythologisierung oder Theologisierung der Gestalt Jesu, es verdichtet sich darin ein grundsätzlicher Konflikt zwischen Angst und Glauben, der in jedem Menschen, in jeder Gesellschaft, in jeder Kultur immer von neuem aufbrechen muß…" (II, 272). Oder: „Die strukturelle Tödlichkeit der Spielregeln des bürgerlichen Zusammenlebens mit ihrem schier unendlichen Bedürfnis nach Sicherheit, Ruhe und Ordnung *kann* logischerweise nichts anderes wollen und betreiben, als Jesus aus dem Gebiet von Gerasa (und im Prinzip damit aus dem Leben selber) zu vertreiben" (ebd.). Die Erzählung vom Gerasener Besessenen dient also Drewermann nur noch als Sprungbrett, von dem seine assoziative Phantasie abheben kann, um ihre Gefühle und Gedanken (die in sich ja nicht falsch sein müssen!) auszubreiten.

Drewermann beschließt sein großes Interpretationsbeispiel mit dem Abschnitt „8) Menschlichkeit und Gottesglaube" (II, 272–277). Wieder behauptet er *gegen* den Textbefund, was *er* sich denkt, z. B.: „In vielen Heilungsgeschichten des Neuen Testamentes verlangen … die gerade Geheilten inständig danach, sich Jesus anschließen zu dürfen, um niemals mehr seine heilende, tragende und beglückende Gegenwart und Nähe zu entbehren" (II, 273).

Sieht man sämtliche Heilungsgeschichten durch, so überwiegen diejenigen, in denen die Geheilten zu ihrer Familie entlassen werden oder in denen nichts über ihren Verbleib mitgeteilt wird. Der ehedem blinde Bartimäus folgt Jesus nach Jerusalem nach, und von Maria von Magdala erfahren wir, Jesus habe sie von sieben Dämonen befreit. Aber sonst? Um bei Markus zu bleiben: Weder der Besessene aus der Synagoge in Kafarnaum, noch der Lahme, der zu Jesus gebracht wird, noch der Aussätzige, den er trifft, noch der Mann mit der verdorrten Hand, noch die blutflüssige Frau, noch die Tochter des Jairus, noch der Taubstumme in der Dekapolis, noch der Blinde bei Betsaida – von keinem wird erzählt, er hätte „inständig danach (verlangt), sich Jesus anschließen zu dürfen"; von keinem, er habe fortan zum Kreis der Jünger gehört. Aber Drewermann will es so und schreibt es so hin. Warum? Was macht ihn für den Textbefund blind? Sollte er den Befund wirklich nicht kennen? Offenbar war es für ihn an dieser Stelle zu verlockend, wieder einige Pinselstriche an seinem psychologischen Jesusbild tun zu können. Er fährt nämlich fort: „Um so mehr muß es erschrecken und verwundern, daß einzig an dieser Stelle der Bibel überliefert wird, Jesus habe dem ‚Besessenen', als er sich ihm anschließen wollte, die Erlaubnis dazu verweigert. Es muß für diese absolute Ausnahme der Bibel wichtige Gründe geben, die sich nicht traditionsgeschichtlich – z. B. durch das Missionsinteresse der Gemeinde – verstehen lassen, sondern sich nur aus der psychischen Situation der Szene selbst erklären, indem das Verhalten Jesu, wie all seine Worte bisher, sehr sensibel und präzise auf die Eigenart des ehedem ‚Besessenen' antwortet" (II, 273). Drewermann möchte einen Jesus vorzeigen, der „ausdrücklich in allen Zentralpunkten das Gegenteil einer bürgerlichen Existenz verkörpert und empfohlen (hat)" (II, 273); auch die „Sensibilität Jesu für das, was im Einzelfall notwendig ist" (II, 274). Aber warum braucht Drewermann dafür die Basis einer Falschinformation seiner Leser?

Vielleicht gelänge ihm sonst nicht so leicht der Übergang vom geschichtstheologisch Einmaligen der Person und Geschichte Jesu zum menschlich Allgemeinen und tiefenpsychologisch Ubiquitären. Der Geheilte gibt in der Dekapolis Zeugnis, „daß er die ehedem so verhaßte enge Welt der Fessel- und der Kettenträger zu ertragen vermag, weil er seine Freiheit nicht mehr am Rande der Gräber und Grüfte zu verteidigen braucht" (II, 274). Und für Drewermann „enthält und enthüllt" der eine Satz in Mk 5,20, der Geheilte habe erzählt, was Jesus ihm Großes getan hat, „das ganze Geheimnis des Religiösen: man kann von Gott nur glaubwürdig sprechen im Umraum einer heilenden und tragenden Beziehung zu einem Menschen, der mit der eigenen Existenz weder die hilflose Gleichgültigkeit noch die vergewaltigende Verantwortlichkeit der ‚Schweinehirten' verkörpert, sondern der seine eigene Person dafür einsetzt, die Person des anderen in ihrer Riskiertheit und Freiheit hervorzulocken und buchstäblich ‚zur Sprache zu bringen'" (II, 275).

Nicht, daß Jesus von Nazaret der heilende Arm Gottes war und ist, nicht daß Jesu Taten Gottes Taten sind, wie die Exegese Mk 5,19 f entnimmt (so *R. Pesch*, Mk ⁴I, 294), sondern daß der Geheilte „in aller Folgezeit nur leben (kann), indem er Kunde gibt von dem, was Jesus lebte und was Jesu Botschaft war: in einem jeden Menschen ist das Gottesreich ganz nahe" (II, 275), liest Drewermann in den Text hinein. Doch davon ist in den Evangelien, ist im Neuen Testament nie die Rede. Auch nicht davon, daß „nur die Schönheit unserer Seele, mit der Gott uns wollte, ... in Ewigkeit bestehen (wird)" (II, 276). Noch weniger biblisch ist die naive Meinung, „daß alles, buchstäblich alles in der Seele eines Menschen berechtigt ist, zu leben, weil es von ganz allein schon sich selber reorganisieren und zu seiner vollendeten Schönheit entfalten wird, wofern man nur die alles entstellende und deformierende Last der Angst von seiner Seele nimmt" (II, 270).

Die Wundererzählung gibt Drewermann am Ende das Sprungbrett für die Meinung, selbst das Sprechen des „Besessenen" von Gott beschreibe „vollgültig und dankbar, wie heilend einander Menschen zu begegnen vermögen, wenn sie nicht mit ‚Binden' und ‚Ketten' einander traktieren, sondern langsam und geduldig die Kunst einüben und erlernen, welche die Wunderheiler der ‚richtigen Worte' und der heilenden ‚Musik' zu allen Zeiten und Zonen beherrscht haben müssen: das Wesen des anderen zum Klingen zu bringen und ihm die ursprüngliche Melodie seines Herzens wiederzugeben" (II, 276 f).

Es ist nur konsequent, wenn Drewermann zur Entwicklung solcher Meinungen ebensogut ein Märchen als Ausgangstext benutzen kann. Der Gnosisvorwurf, gegen den er sich wehrt, wird von ihm selbst immer wieder bestätigt, auch durch seine ausdrückliche Berufung auf das gnostische Philippusevangelium (EvPhil 115,9–11): „Die Wahrheit kam nicht nackt in die Welt, sondern sie kam in Sinnbildern und Abbildern. Sie (die Welt) wird sie nicht auf eine andere Weise erhalten" (II, 541). Das Zitat dient Drewermann dazu, die tiefen Gemeinsamkeiten zwischen allen Religionen – das Christentum eingeschlossen – zu demonstrieren. In den Symbolen der Tiefe sind sie alle verbunden und symbolisieren alle die eine Wahrheit.

Die historisch-kritische Exegese – so belastet und ergänzungsbedürftig sie auch ist – spricht angesichts der Gerasenererzählung von „einer neuen Offenbarung der Vollmacht Jesu", vom „Einbruch des Heils in die Heillosigkeit der Welt", davon, daß „der Glaube heil macht" (*R. Pesch*, Mk [4]I, 294 f). Freilich bleibt die historisch-kritische Exegese dürr, wenn sie nicht im konkreten Leben neutestamentlich verfaßter Gemeinden den realen Boden strukturkongruenter Erfahrung und dementsprechendes Verstehen findet. In ein solches Verstehen könnten tiefenpsychologische Erkenntnisse durchaus bereichernd eingebracht werden. Doch als Material einer Eisegese, die Offenbarung und Religion nicht mehr unterscheidet, das Christentum als Jenseitsreligion und als Religion des Individuums interpretiert, verfälschen sie die biblische Überlieferung und machen sie in letzter Konsequenz überflüssig. Die Religion, wie Drewermann sie skizziert, käme auch allein mit Märchen oder mit den Dokumenten der altägyptischen Religion aus.

Das erste Interpretationsbeispiel zeigt, wie bei Drewermann systematische Vorentscheidungen die Textauslegung steuern. Die historisch-kritische Exegese wird nur eklektisch zur Kenntnis genommen. Er benutzt sie lediglich als dunklen Hintergrund, vor dem das eigene Angebot um so strahlender erscheinen soll. Doch der Schein trügt.

Kommen wir zu unseren beiden nächsten Beispielen: zu der Geschichte von der Heilung der blutflüssigen Frau und der Auferweckung der Tochter des Jairus (Mk 5, 21–43). Nach der Übersetzung (F. Stier) behandelt Drewermann zuerst wieder „1) Historisch-kritische Fragen und Ergebnisse" (II, 278 f) mit dem stereotypen Schlußurteil: „Die historisch-kritische Analyse endet, wie allerorten, bei der Feststellung von theologischen Verkündigungsinhalten ohne historische Grundlage oder bei der Hypothese gewisser historischer Tatsachen ohne einen Inhalt, der sich über bestimmte zeitgeschichtliche Bedingtheiten hinaus ‚verkündigen‘ ließe" (II, 279).

Man muß sich nach Drewermann „für den wirklichen Inhalt der Erzählung" interessieren, und der handelt „2) Von Alter und Jugend im Leben von Frauen" (II, 279), bzw. von der Frage, „wie es möglich ist, als Frau zu leben bzw. sich mit der Rolle einer Frau positiv zu identifizieren" (II, 280).

Drewermann will eine „umgekehrt symmetrische Zuordnung" der beiden Frauen erkennen und meint, man müsse „das Leben der blutflüssigen Frau und das Leben der Tochter des Jairus als *innerlich* zusammengehörig ... betrachten, d. h.: man muß, psychologisch gesehen, die Heilung der blutflüssigen Frau als Pendant zu der Heilung der Jairustochter verstehen und umgekehrt. Erst gemeinsam und in wechselseitiger Ergänzung beleuchten beide Frauengestalten die Facetten ein und desselben Problems: wie man als Frau inmitten einer Gesellschaft von Männern leben und ein gewisses Maß an Glück und Gesundheit finden kann" (II, 280). Merkwürdigerweise findet Drewermann ein biblisches Vorbild „für eine solche umgekehrte Symmetrie" im Tobit-Buch, dem die neutestamentliche Erzählung „durchaus verwandt" sei, „nur daß der Gottesengel hier den Namen Jesus trägt" (II, 280f).

Die folgenden Abschnitte sind bei Drewermann überschrieben: „3) Die blutflüssige Frau" (II, 281−285), „4) Vom Mut der verstohlenen Zärtlichkeit" (II, 285−290) und „5) Die offene Bejahung" (II, 290−295). Er stellt sich die Krankheit so vor, „daß die Frau ihre ärztlichen Konsultationen nach und nach als die einzigen noch verbleibenden Kontakte zu anderen Menschen in ihrem Leben erfahren hat und zur Beruhigung ihrer Schuldgefühle selbst für solche ‚offiziellen‘ Beziehungen eine überhöhte Bezahlung den Ärzten förmlich aufzudrängen versuchte. Natürlich muß auf diese Weise der Teufelskreis sich sehr rasch schließen: indem die Frau von vornherein glaubt, mit ihren Wünschen nach Liebe und Gemeinsamkeit den anderen nur lästig sein zu können, muß sie äußerlich immer mehr einsetzen, um die Liebe der anderen sich durch Vorleistungen aller Art erkaufen zu können" (II, 285). Und das hat die Frau auch körperlich krank gemacht; im Symptom des

Blutflusses drückt sich aus: „Lieben – das hieße, auszufließen und sich zu verströmen und ständig und immer mehr an eigener Substanz dabei einzubüßen" (II, 285 f).

Das Gefühl der Scham, das die Frau gehabt haben muß, assoziiert Drewermann durch ein Gedicht von R. M. Rilke. Und dann träumt er die Gefühle der Frau: „Was mag im Herzen dieser Frau vor sich gegangen sein, als sie erfuhr, Jesus komme in ihre Stadt? Ganz sicher wird sie gewünscht haben, sie könnte den Gottesmann bitten, er möge seine Hand auf die Stelle ihres Schmerzes legen und sie heilen durch den Zauber seiner Nähe. Geträumt haben wird sie von einer Berührung, die durch den Körper hindurch ihre Seele berührte und die zärtlich genug wäre, an ihrem Leib nichts Unreines zu finden..." (II, 287).

Drewermann erinnert an Frauen in der Geschichte Israels, „die unter dem Druck von Leid und Not die kultischen und moralischen Gesetze zerbrachen und dem Weg des Lebens folgten, selbst wenn sie damit den Weg der Weisungen und Satzungen verlassen mußten" (II, 288); er erinnert neben Tamar merkwürdigerweise auch an Rut. Dann erfühlt er die Begegnung der Blutflüssigen mit Jesus: „Unzweifelhaft ist ihre Berührung viel feiner, viel sanfter, viel verhaltener, viel rücksichtsvoller und unendlich viel liebevoller als das Hin- und Hergeschiebe in der Vielzahl der Leute, und so kann es nicht ausbleiben, daß sie entdeckt wird. Was sich in diesem alles entscheidenden Augenblick der Berührung ‚wirklich' zugetragen hat, läßt sich von außen her durchaus nicht bestimmen. Nur so viel steht fest: es geschah etwas durch und durch Wunderbares" (II, 289).

Und dieses Wunderbare ist „in einer äußersten Verdichtung seelischer Intensität vorzustellen": „In diesem Augenblick dringt in den Glauben, der ihre Hand bewegt, und in das Vertrauen, das ihre Finger nach dem Saum des Gewandes greifen läßt, gänzlich die Kraft des Herrn ein, und es wird in ihrem Leben nie wieder dieses Gefühl der Unreinheit, des Ausgesetztseins, des Nicht-Angenommenseins, des ewigen Vorleistens und Wiedergutmachenmüssens, dieses ständige Hadern mit der eigenen Geschlechtsrolle geben" (II, 290).

Von der Begegnung der Frau mit Jesus lenkt Drewermann wieder ins Allgemeinmenschliche ab: „Kann eine einzige Berührung so viel bewirken? Gewiß, wenn man sich vorstellt, daß Gesten und Gebärden ebenso intensiv empfunden werden können wie z. B. der Schimmer der Augen in der Verzauberung der Liebe..." (II, 290). Doch dann handelt er von einem „der schönsten Kennzeichen wirklich großer Persönlichkeiten, daß sie stets Zeit zu haben scheinen für die vermeintlich kleinen und geringfügigen Bitten und Nöte einzelner". „Jesus möchte offensichtlich diejenige *persönlich* kennenlernen, die sich ihm so verstohlen naht" (II, 291). Man muß beachten, in welchem Maß diese gesamte Auslegung auf einer rein humanistischen Ebene verbleibt. Das ist auch so gewollt. Gegen die theologisch-christologische Auslegung setzt sich Drewermann ausdrücklich zur Wehr: „Man kann die einfache Botschaft dieser tiefen Menschlichkeit, die aus solchen Wundererzählungen wie der Geschichte von der blutflüssigen Frau spricht, im Grunde nur theologisch verfremden und überfrachten, wenn man die Herzensweite eines solchen wechselseitigen Vertrauens als einen ‚Glauben an die Messianität' Jesu versteht" (II, 292)! Stattdessen meint Drewermann: „In der Tat: es ist allein das ganz und gar menschliche Vertrauen der Liebe gegen die Angst, das solche Wunder göttlicher Heilung bewirkt, und die Wundererzählungen zeugen zunächst von der Haltung eines bedingungslosen Vertrauens, das durch die Wärme, die Güte und das Verständnis des heilenden Boten Gottes geweckt wird" (II, 293).

Jesus, der Psychotherapeut, der „‚brüderlich' genug ist, um ‚väterlich' sein zu können" (ebd.), will der Frau sagen: „Ich möchte Dich lieben auf eine Weise, die Dich Dir selbst als Frau zurückgibt" (II, 294). Und die (gnostische) Botschaft der Erzählung lautet nach Drewermann schließlich so: „Denn Gott, wie er in Jesus nahe ist, lebt als der Vater aller Menschenkinder, und sein Reich wächst im Herzen eines jeden Menschen. Niemals verehrt man im Sinne solcher Wundererzählungen Gott reiner und wahrer, als wenn ein Mensch sich getraut, der Schönheit bewußt zu werden, mit der er von Ewigkeit her gewollt und

73

erschaffen wurde. *Dies* ist die entscheidende ‚Verkündigung'..." (II, 294).

Jesus hatte jedoch der Frau gesagt: „Tochter, dein Glaube hat dich heil gemacht" (Mk 5,34). Sieht Jesus nicht die Frau „durch ihren Glauben als Tochter Gottes ausgezeichnet?" Gehört nicht zur Botschaft der Erzählung die geschichtliche Konkretion: „Der Glaube von Geheilten ... ist an Jesus gebunden, an seine Offenbarerqualität" (*R. Pesch,* Mk [4]I, 305)? Und ist nicht zu urteilen: „Jesus erlöst die magische Fähigkeit des Menschen, indem er sie streng auf Gottes Allmacht bezieht; sie wird zum heilenden Glauben" (ebd.)?

Bei Drewermann wird das Wunder aufgrund der Kraft der Seele ubiquitär möglich; die Begegnung mit Jesus und heute mit seiner Gemeinde wird entbehrlich. Daß Gott durch Jesus – und nach dessen Tod und Auferweckung durch die Kirche – Heil anbietet, gerät bei Drewermann aus dem Blick, und deshalb interessieren ihn an der Erzählung auch nur diejenigen Details, die sich für eine assoziativ verfahrende, tiefenpsychologisch einfühlende Eisegese eignen, welche vom Erleben des Interpreten, aber nicht mehr vom Text gesteuert ist; der ist ganz zum Schweigen gebracht ob der lauten Töne der gefühlvollen Phantasie.

Drewermann wendet sich dann unter „6) Des Vaters armes Töchterlein" (II, 295–301) der Heilung der Tochter des Jairus zu. Diese, so sieht er es, leidet zentral daran, „eine Frau zu sein bzw. von einem Mädchen zu einer Frau werden zu müssen" (II, 296). Sie befindet sich „aufgrund schwerer hysterischer Ängste" in einem „hypnoiden Zustand" (II, 297), der Folge einer tiefen Angst ist, wie sie Edvard Munch in seinem Bild „Pubertät" charakterisiert hat. Und folglich gilt für Drewermann: „Um nichts anderes als um die Erlösung der Liebe von der Angst dürfte es sich bei der Auferweckung der Jairus-Tochter handeln" (II, 297).

Die Angst der Tochter ist zugleich Versklavung an den Vater, für den „das süße, brave Ding, sein Ein und Alles, sein Stolz und seine Freude" (II, 298), Kind bleiben will. „Eine hypnoide Starre, wie sie allem Anschein nach hier vorliegt, erklärt sich relativ leicht als eine geradezu schreckhafte Abwehr gegen jede Art genitaler Berührung" (II, 299). Drewermann interpretiert dann weiter vom Krankheitsbild der Magersüchtigen her: „Um dem erstickenden Vater bzw. der erstickenden Mutter zu entkommen, bleibt am Ende nur noch der Fluchtweg nach innen, der Rückzug in den Tod übrig" (II, 300). Er schließt mit dem Abschnitt „7) Der wahre Tod und das wahre Leben" (II, 301–309). Von Jairus, den er unter der Hand zum „Oberzöllner" macht (II, 302), weiß er: „Mitten im Leben ist er ein geheimer Anbeter des Todes" (ebd.). Bei solcher Eisegese wirkt sich wiederum aus, daß Drewermann den (ägyptischen) Glauben an das ewige Leben für das Zentrum des Christlichen hält: „Das ganze Geheimnis des menschlichen Daseins besteht offensichtlich darin, daß wir selbst die wenigen Jahrzehnte unseres Daseins nur zu leben vermögen in dem Bewußtsein, daß der Tod nicht zu fürchten ist, weil er das Leben nicht besiegen kann, das in Gott ewig ist" (II, 303).

Die gute und richtige Beobachtung, daß auch der Vater der Heilung bedarf, damit die Tochter leben kann, wird leider in Floskeln verflüchtigt: Jairus „darf seine eigene Fürsorge durch das Vertrauen ersetzen, daß Gott über das Leben seiner Tochter wacht" (II, 304). Und die Botschaft der Auferweckung wird von Drewermann schließlich psychologisch so verzerrt: „Während von der Hand des Jairus der Tod ausging, gewährt die Hand Jesu das Leben. Es ist die gewiß schönste Kunst und das größte Wunder des menschlichen Lebens, wenn jemand einen anderen Menschen so an die Hand zu nehmen vermag, daß er dabei vom Tod zum Leben erwacht und sich seines neuen Lebens getraut in eben der Reinheit und der Unschuld, die zu einem eigenen Dasein gehört. Denn wenn man diese ,Behandlung' Jesu in Worte fassen wollte, so müßte man sagen, was in der Anrede ,Talitha kumi' anklingt: ,Mädchen, wage Du ruhig den ,Aufstand', Dich auf Deine eigenen Beine zu stellen; lerne Du selber das Laufen und geh Deiner eigenen Wege – Du bist alt genug dazu'" (II, 307). Am Ende der Auslegung schärft Drewermann noch einmal – als Fazit der Erzählung – ein, „wie entscheidend für das irdische Leben der Glaube an ein ewiges Leben ist" (II, 308). Aber war das nicht – nach Drewermann selber – besser und ursprünglicher bei den alten Ägyptern zu lernen? Nun gut, Drewermann fügt noch eine Erkenntnis seiner modernen Gnosis hinzu: „Man gelangt zum Glauben und zum Leben nur durch einen anderen Menschen, dessen Hände und Worte uns so berühren, daß sie die Seele zu erwecken und dem Dasein seine ursprüngliche Reinheit zurückzugeben vermögen..." (II, 309).

Er schließt: „Denn das Geheimnis aller Wunder Jesu ist es, daß der Mann aus Nazareth die Macht besaß, einzelne Menschen aus der Umklammerung ihres äußeren und verinnerlichten Milieus Gott zurückzugeben, auf daß nur der Allmächtige allein Macht habe über sie" (II, 309). Bedarf es dazu der Kirche? Bedurfte es dazu der Sammlung Israels? Bei Drewermann bedarf es doch nur des Therapeuten, der Tiefenpsychologie, der rechten Einfühlung.

Wohlgemerkt, es geht uns nicht darum, Drewermanns Einfühlungen, die mit erstaunlicher sprachlicher Kraft vorgetragen werden, schon allein deshalb zu kritisieren, weil sie Einfühlungen sind. Wer wünschte sich nicht eine Bibelauslegung, die auch durch ihre Sprache und ihre Vorstellungskraft fasziniert? Es geht uns allein um die notwendige Unterscheidung zwischen einer Exegese, die das aufgeklärte Wissen und Fühlen der biblischen Tradition und der Tradition der Kirche den heutigen Zeitgenossen aufschließt, und einer Exegese, die nichts anderes tut, als die archetypischen Bilder der Menschheit auch in den biblischen Texten aufzuspüren, ohne dabei überhaupt zu merken, daß diese archetypischen Bilder dort neu konstelliert sind, weil sie für etwas ganz Neues in Dienst genommen werden: für die Offenbarung Gottes, die an die „neue Gesellschaft" des Volkes Gottes gebunden ist.

2. Legenden

Die „Legende" bestimmt Drewermann durch die Besonderheit „in der psychischen Einstellung des Ichs zu sich selbst und zur Welt der Archetypen" (I, 417): „Anders als in der Sage, erlebt der

Mensch in der Legende sich selbst nicht als Handelnden, sondern er wird von Mächten jenseits seiner Einflußmöglichkeiten gefördert oder gefährdet, geführt oder verführt, wobei im ganzen freilich der positive Aspekt derartiger Einflüsse deutlich überwiegt. Nicht der Kampf gegen die inneren und äußeren Mächte, sondern das Vertrauen in die innere Vernunft und Güte dieser Kräfte, eine – im Sinne der Psychoanalyse FREUDS resignative, weibliche, ödipal-*kastrative* – Haltung des Sich-Überlassens und Getragenwerdens bestimmt die Legende" (I, 417).

Bei der Deutung der Legenden sieht man allerdings nicht so recht, was eine solche Bestimmung austrägt. So meint Drewermann: „Die Legende von Maria und Martha (Lk 10,38–42) z. B. kann zeigen, wie eine bestimmte Szene über ihren historischen Anlaß hinaus in ein archetypisches Deutungsschema, in diesem Falle in das ... Schema der verfeindeten oder unterschiedlichen Geschwister...., eintritt" (I, 432). Joh 13,1–11 bestimmt Drewermann als „Kultlegende" (I, 438), in der in Form einer Gleichnishandlung ein Zeichen gegeben werde, „das in seiner archetypischen Symbolik (Wasser, Waschung, Reinigung) durch sich selbst die reinigende Kraft eines Rituals besitzt" (I, 438). Ganz anders verhalte es sich mit der „Legende" von der Sünderin in Lk 7,36–50, wo die Fußsalbung „ein rein privates Ausdrucksmittel der Zuneigung und Zärtlichkeit der Frau zu Jesus" sei (I, 438).

Man wird mit Drewermann wegen der Gattungsbestimmung von Lk 7,36–50 als „Legende" nicht streiten wollen, so wenig glücklich sie auch erscheint. Abzulehnen ist jedoch seine Feststellung: Die Einfühlung in den Text erlaubt „kein Urteil darüber, ob die geschilderte Legendenerzählung von der ‚Sünderin' nun auch in historischem Sinne ‚wahr' ist oder nicht; wohl aber kann man sicher sagen, daß an ihrer psychologischen Wahrheit kein Zweifel erlaubt ist" (I, 455). Wenig später wird Lk 7,36–50 als Verdichtung von „Lebensnähe und -erfahrung" bezeichnet (I, 455 f). Diese Sätze verraten deutlich, daß es Drewermann nicht um die *theologische*, sondern um die *psychologische* Wahrheit biblischer Texte geht. Genauer: Die theologische Wahrheit biblischer Texte deckt sich für ihn mit deren psychologischer Wahrheit. Daß diese Feststellung tatsächlich eines der ärgerlichsten Defizite seiner Hermeneutik trifft, zeigt – wiederum wenig später – seine Bemerkung, die Legende von der Sünderin spreche „im Gewande des historisch Einmaligen ... über die Zeiten hinweg in die Gegenwart" hinein (I, 456). Mit anderen Worten: Lk 7,36–50 erzählt unter dem Schein eines einmaligen Geschehens das, was immer und überall ist – die psychologische Wahrheit über den Menschen. Nun gibt es in der Bibel ohne Frage Texte, die – etwa als Geschichte vom Anfang – das erzählen, was immer ist (vgl. Gen 3). Aber gerade diese Gattung liegt hier nicht vor. Lk 7,36–50 will im Leben Jesu geschehene, einmalige, allerdings auf die nachösterliche Kirche hin transparente Geschichte erzählen, wie nämlich der Messias Jesus seinem Volk die Rettung bringt (vgl. Lk 7,16.21f.29f im unmittelbaren Kontext!). Hier lediglich vom „Gewande des historisch Einmaligen" zu reden, trifft die Sache des Textes überhaupt nicht, auch wenn die Historizität der Geschichte Lk 7,36–50 unsicher bleibt. Selbst wenn es sich nämlich um eine fiktive Geschichte handeln sollte, zielt sie doch exakt auf das historisch Einmalige: auf das, was der Messias Jesus an seinem Volk getan hat. Dieser Sachverhalt ist mit dem Begriff „psychologische Wahrheit" in keiner Weise erfaßt. Es handelt sich vielmehr in Lk 7,36–50 um *geschichtlich*-theologische Wahrheit. Lukas bringt die Krisensituation, die Israel genau zu der Stunde bedroht, da sich 7,36–50 abspielt, unmittelbar vorher in 7,31–35 mit aller nur wünschenswerten Klarheit zum Ausdruck: Mit der Proklamation des Gottesreiches durch Jesus sind in Israel die Tage der Hochzeit angebrochen, in denen zum Flötenklang getanzt werden müßte. Aber die religiösen Führer Israels sind nicht bereit, sich bei dieser Hochzeit mitzufreuen (7,30.32). Nur die Sünder sind dazu bereit (7,29). Diese furchtbare Krise Israels wird in der sich anschließenden Geschichte von der Sünderin veranschaulicht. Für Lukas geht es also durchaus um eine einmalige geschichtliche Situation, die sich dann freilich in der weiteren Geschichte des Gottesvolkes wiederholen kann.

Um solche kontextuellen Einbindungen der Perikope (und überhaupt um Redaktionskritik!) kümmert sich Drewermann in keiner

Weise – obwohl er doch an anderer Stelle lautstark die Atomisierung der Evangelientexte durch die historisch-kritische Methode anprangert (vgl. II, 666 ff). Er reißt den Text aus seinem lukanischen Zusammenhang, isoliert ihn und betrachtet ihn dann mit der „Methode der Einfühlung" (I, 455). Noch einmal sei betont: An sich ist gegen „Einfühlung" nichts zu sagen. Sie müßte aber so genau wie nur möglich den Konturen, den Biegungen, den individuellen Strukturen des Textes folgen. Drewermann nimmt diese Individualität des Textes gar nicht ernst, ja er gewahrt sie nicht einmal, weil er sich sofort auf das Innenleben der Personen der Erzählung stürzt. Er meint, die Sünderin habe sich Jesus „scheu wie ein Tier" genähert (I, 453), was einfach nicht im Text steht, vom Text auch nicht insinuiert, sondern nur von der Phantasie des Interpreten vorgestellt wird. Er meint, die Sünderin sei Jesus zu Füßen gefallen (I, 453), was wiederum nicht im Text steht und wohl auch gar nicht möglich war, weil man in der Antike bei Tisch auf relativ hohen Polstern lag. Er meint, Jesus habe der Sünderin „die Vergebung ihrer Sünden zu(ge)sichert" (I, 475), was erst recht nicht im Text steht. Dort wird der Sünderin für das Hier und Jetzt die Sündenvergebung feierlich zugesprochen (vgl. 7,48). Einfacher gesagt: Der Sünderin wird nichts zugesichert, sondern sie wird absolviert. Solcher Unfähigkeit, einen Text genau zu lesen, begegnet man bei Drewermann nicht nur hier. Sie begegnet ständig. Sie hängt letztlich damit zusammen, daß er an der Individualität von Texten eigentlich gar nicht interessiert ist. Was ihn wirklich beschäftigt, sind psychische Strukturen, eben das, was immer und überall ist.

Diese Strukturen, die Drewermann in unserem Fall mit Hilfe der Transaktions-Analyse (I, 456–481) herausarbeitet, sollen hier nicht in Frage gestellt werden. Es soll lediglich mit Nachdruck betont werden, daß so die Erzählung noch nicht in ihrer Ganzheit erfaßt, ja daß nicht einmal der entscheidende Skopus der Erzählung, nämlich ihre heilsgeschichtliche Situierung (s. o.), begriffen ist. Das ist deshalb so ärgerlich, weil Drewermann ständig insinuiert, mit seiner Hermeneutik werde gerade die eigentliche Sinndimension der Texte ans Licht gehoben. Davon kann jedoch im Falle

von Lk 7,36–50 überhaupt keine Rede sein. Sämtliche heilsge-
schichtlichen Linien dieses Textes werden von Drewermann übersehen.

Besonders deutlich wird dies bei dem Thema „Glaube". Am Ende
der Perikope sagt Jesus ja zu der Sünderin: „Dein Glaube hat dir
geholfen" (7,50). Dieser Glaube wird von Drewermann folgendermaßen bestimmt: „Die Religion, die Jesus verkörpert, basiert auf
dem Vertrauen, daß ein jeder Mensch die Möglichkeit besitzt, sich
selbst anzunehmen ‚als etwas ewig Bedeutungsvolles, als etwas
ewig Geliebtes, als etwas ewig Angenommenes'. Diese Überzeugung macht es ihm möglich, auch die Sünderin anzunehmen und,
statt starre Vorurteile des Über-Ichs zu wiederholen, mit seinem
Erwachsenen-Ich die Wirklichkeit eines jeden Einzelfalles zu sehen und gesondert wahrzunehmen. Es ermöglicht ihm auch zugleich, die Gegensätze zwischen den einzelnen Ich-Zuständen in
der Frau zu überwinden, und wenn er ihr am Ende sagt, sie möge
gehen in ‚Frieden', so ist mit ‚Frieden' offensichtlich gerade diese
innere Einheit und Versöhntheit mit sich selber gemeint" (I, 478 f).
Sieht man genau zu, dann ist hier Glaube der Akt, in welchem man
sich selbst annimmt als einen, der von Gott ganz angenommen ist.
Nimmt man sich in dieser Weise an, ist man „bekehrt", ja ist man
„erlöst" (I, 479). Jesus spielt dabei die Rolle des Psychotherapeuten, der dem Patienten bei der Lösung vom Über-Ich Hilfestellung
leistet. Auch hier ist das Entscheidende der biblischen Theologie
noch gar nicht in den Blick gekommen, denn bei einem solchen
Glaubensbegriff geht es ja ausschließlich um die Erlösung des
„Ich". Hingegen richtet sich in den synoptischen Evangelien der
Glaube darauf, daß Gott jetzt, in diesem geschichtlichen Kairos,
durch den Messias Jesus an Israel, seinem Volk, handelt. Die
Machttaten Jesu, in deren Kontext bei den Synoptikern vorwie-
gend vom Glauben gesprochen wird, zielen nicht nur auf die
Heilung Einzelner, sondern auf die eschatologische Heilung des
Gottesvolkes (vgl. Lk 7,16.21–23), auf die „Herrlichkeit des
Volkes Israel" (Lk 2,32), das so den Heiden den Zugang zu Gott
ermöglichen soll (Apg 15,16 f). Den Synoptikern zufolge kommt
man an Jesus nicht dadurch zu Fall, daß man daran zweifelt, von

Gott ganz angenommen zu sein, sondern indem man daran zweifelt, daß Jesus der Messias Israels ist und daß sich durch ihn die eschatologischen Verheißungen der Propheten für Israel erfüllen (vgl. Lk 7,18–23).

Im übrigen: In der neutestamentlichen Theologie meint der Friede, den Gott durch Christus schenkt, bei weitem mehr als nur die „innere Einheit und Versöhntheit mit sich selber" (I, 479); er meint die Versöhntheit mit Gott, die eben gerade nicht gegeben ist ohne die Konsequenz, daß man *zusammen mit seinen Brüdern und Schwestern im Gottesvolk* aus dem Willen Gottes und damit aus göttlichem „Wohlgefallen" (vgl. Lk 2,14) lebt.

3. Visionen

Nach Eugen Drewermann hat schon in der Geschichte der frühen Kirche der Kampf gegen die Visionen eingesetzt. Der „Raum privater Erscheinungen und Offenbarungen" sei immer weiter eingeengt worden (II, 313). „An der Begeisterung und dem Elan des Herzens scheitern zu können, gilt jetzt für gefährlicher als die Möglichkeit seelischer Austrocknung und Erstarrung. Die Visionäre werden ersetzt durch die Theologen, die Gotteslehre tritt an die Stelle der Gottesschau, und das Mißtrauen, die Angst, die Verdächtigung wächst gegenüber allen spontanen Regungen in den Tiefenschichten der menschlichen Psyche" (ebd.). Vor allem der Protestantismus habe „in seinem Kampf gegen alles vermeintlich Heidnische im Katholizismus eine Fülle archetypischer Bilder und Symbole im christlichen Glaubensleben mit Erfolg zu eliminieren vermocht" (II, 314). „Tatsächlich scheint es nur noch im *katholischen* Kulturraum möglich zu sein, Erscheinungen der Dreifaltigkeit, der Muttergottes, der Heiligen, des Schutzengels oder des Teufels zu erleben, ohne von vornherein als seelisch krank gelten zu müssen" (II, 315f). Allerdings habe auch die katholische Kirche eine falsche Einstellung zu Erscheinungen und Offenbarungen. Sie pflege „einen dogmatischen Realismus, der die Psychologie der

Erscheinungserlebnisse schlechthin überspringt und die psychische Ebene der Erfahrung kurzschlüssig mit der metaphysischen Ebene der theologischen Deutung" identifiziere (II, 316).

Drewermann fordert deshalb – und hierin ist ihm völlig recht zu geben – eine bessere Hermeneutik bei der Analyse von Erscheinungen: „Um es so klar wie möglich zu sagen: kein göttliches oder dämonisches Wesen kann als solches in der menschlichen Psyche erscheinen, so wenig wie in der äußeren Natur Gott unmittelbar den Donner oder den Blitz dreinfahren läßt, und es hieße die alte philosophische Lehre von den Erst- und Zweitursachen völlig über den Haufen zu werfen, wollte man psychische Phänomene unmittelbar mit außerpsychischen Formen der Wirklichkeit identifizieren" (ebd.).

Die Unterscheidung, die Drewermann hier trifft, ist richtig und notwendig. Nur macht er den Fehler, sofort wieder alles *Visionsmaterial* auf Archetypen zu reduzieren, d. h. auf Bilder im kollektiven Unbewußten, die der ganzen Menschheit gemeinsam sind. So hat – ihm zufolge – Bernadette Soubirous in der Höhle bei Lourdes nichts anderes gesehen als den „Archetyp der Frau", der dann von ihr als „Mutter Gottes" identifiziert und gedeutet wurde (II, 316 f). Drewermann führt dazu aus:
„Eine solche Deutung war und ist legitim unter der dogmatischen Voraussetzung, daß in Maria selbst historisch der Archetyp der Frau, die Urgestalt dessen, was mit dem Leben einer Frau wesenhaft gemeint ist, am reinsten verwirklicht gewesen ist. Man muß freilich zugeben, daß unter anderen religiösen Voraussetzungen auch abweichende Deutungen des gleichen Phänomens vor der Hand ebenso legitim sind: die *Griechen* z. B. hätten die Erscheinung in der Höhle von Lourdes ohne Zweifel und mit gleicher Berechtigung mit der Gestalt *ihrer* Muttergöttin, also mit dem Bild der *Hera* oder *Artemis* identifiziert. Psychologisch ist der Archetyp selbst offen für die jeweilige Interpretation des religiösen Bezugssystems, und es bedarf infolgedessen einer langen inneren Entwicklung, um von der Wahrnehmung des archetypischen Bildes zu seiner endgültigen religiösen Festlegung zu gelangen" (II, 317).

Drewermann erklärt weiter: „Psychologisch gesehen bestimmt das jeweilige archetypische Bild auf diese Weise das Bewußtsein dahin, die Erscheinung selbst mit einer bereits bekannten (religiösen) Vorstellung zu verknüpfen. Dogmatisch ist eine solche Verknüpfung zulässig, wofern unterstellt wird, daß die Inhalte des jeweiligen archetypischen Bildes, die zur Interpretation der einzelnen Erscheinungen herangezogen werden, sich in der Gestalt selbst verkörpert finden; das Bild selbst beweist unzweifelhaft, daß die religiösen Lehren im Menschen tief verankert sind und folglich eine mindestens psychische Wahrheit besitzen müssen" (II, 317f).

Für den Umgang mit biblischen Visionstexten ist nach Drewermann wichtig: „Will man den Erzählungen von heiligen Erscheinungen und göttlichen Gesichten näherkommen, so gilt es vor allem, den Glauben an die Wahrheit derartiger Erfahrungen wiederherzustellen, indem man den eigentlichen Ursprungsort dieser Wahrnehmungen in den Tiefenschichten der menschlichen Psyche aufsucht" (II, 319). Deshalb müssen wir uns „erneut weit weg an die Ränder unserer Zivilisation begeben, um bei den sog. Primitivvölkern in Gestalt der Schamanen noch Menschen zu begegnen, die uns lehren können, was es heißt, den Himmel offen zu sehen und den Saum der Gottheit zu berühren" (II, 320). Auch ist es „unerläßlich", die „kausale psychologische (und hirnphysiologische) Seite der Visionen vor Augen zu haben, um theologisch nicht einem puren Supranaturalismus der Deutung zu verfallen" (II, 333).

Drewermann macht mit all dem auf ein wichtiges Problem aufmerksam: die Aufarbeitung psychologischer Aufklärung in der Theologie. Solange das Verhältnis von Theologie und Psychologie supranaturalistisch überfremdet bleibt, hindert ein illegitimes Vermischungsmodell daran, zu verstehen, daß eine echte Vision ganz von Gott stammt und doch zugleich ganz vom Visionär (samt dessen Partizipation am kollektiven Unbewußten).

Allerdings wird Drewermann dem Spezifikum christlicher Visionen so wenig gerecht wie dem der biblischen Wundererzählungen. Er rührt keinen Finger, die Real-Symbolik der Glaubenserfahrung von der Symbolik der Tiefenpsychologie zu unterscheiden. Maria zum Beispiel gilt dem Glauben der Kirche nicht in erster Linie als „Archetyp der Frau", sondern als Real-Symbol des Volkes Gottes. Und das Volk Gottes ist eine in der Menschheitsgeschichte unerwartet durch Gott gestiftete und in einem langen religionskritischen Prozeß gewordene historisch neue Erscheinung, nicht aber eine menschheitlich vorhandene, archetypisch-religiöse Vorstellung. Maria als „Mutter Gottes" allein vom „Archetyp der Frau" her zu deuten, führt theologisch in die Irre.

Dies alles bedeutet für eine wirkliche Hermeneutik christlicher Visionen: Wir müssen damit rechnen, daß sich auch die spezifische Geschichtserfahrung des Volkes Gottes in Träumen und Visionen verdichten kann. Selbstverständlich wird das nie ohne die Symbole der Tiefe geschehen. Aber diese Symbole „erscheinen" dann in einer neuen Konstellation und einer spezifischen Gestalt, die durch die von den Visionären internalisierten Erfahrungen des Volkes Gottes strukturiert ist. Wenn zum Beispiel in Joh 20,20 der auferstandene Christus mit den Wundmalen der Kreuzigung erscheint und eben an diesen Wundmalen erkannt wird, so läßt sich dieses Detail der Erscheinung eben nicht adäquat mit Hilfe kollektiver Symbole, die der ganzen Menschheit gemeinsam sind, erklären, sondern nur aus der konkreten Geschichte der Jünger und der kontingenten Gestalt des Todes Jesu.

Genauso steht die Zwölfzahl der Tore des endzeitlichen Jerusalem (Offb 21,12) nicht mehr allein für astrale Symbolik (zwölf Tierkreiszeichen), sondern sie zeigt an, daß die himmlische Stadt identisch ist mit dem endzeitlichen Zwölfstämmevolk. Das Bild, das der Seher Johannes schaut, ist von außerordentlicher Aussagekraft: Die himmlische Stadt, also die neue Gesellschaft, kann nur von Gott allein geschenkt werden (im Bild: sie senkt sich vom Himmel herab), und sie ist doch gleichzeitig die Summe der langen Erfahrungen des Zwölfstämmevolkes (im Bild: die gesamte Stadt ist beherrscht von der Zwölfzahl). Man kann die Symbolik der Johannesoffenbarung gar nicht verstehen ohne die Symbolik des Alten Testaments, was natürlich heißt: nicht ohne die in neuen Symbolkonstellationen verdichteten Erfahrungen des alttestamentlichen Gottesvolkes.

Fazit: In biblischen Träumen und Symbolen ist nicht nur deren Partizipation an den Archetypen aller Völker und Zeiten zu analysieren, was Drewermann voll Eifer tut, sondern auch deren spezifische Symbolik bzw. deren spezifische Symbolkonstellation – sozusagen deren biblischer Symbol-Ideolekt, was Drewermann konsequent meidet. Diese äußerst fahrlässige Einseitigkeit hängt natürlich wieder mit seiner fundamentalen Vernachlässigung der historisch-kritischen Exegese zusammen. Wie sich solche Vernachlässigung auswirkt, soll im folgenden noch an drei konkreten Visionstexten gezeigt werden.

In II, 347–349 behandelt Eugen Drewermann die Geschichte von der Verklärung Jesu (Mk 9,2–13). Er gibt ihr den Titel: „Die Vision Jesu auf dem Berge" (II, 347). Von einer Vision Jesu ist im Text jedoch gar keine Rede, sondern von einer Vision der *drei Jünger*, denen Jesus als Verklärter erscheint – zusammen mit den himmlischen Gestalten Mose und Elija (vgl. Mk 9,2.4.8).

Nach dieser gravierenden Fehlbeurteilung der gesamten Erzählstruktur von Mk 9,2–13 fährt Drewermann fort: „Die Legende verlegt sie (sc. die Vision Jesu auf dem Berge) mit gewissem Recht auf den Berg Tabor… Der Name ‚Tabor' bedeutet ‚Nabel' (der Welt), und so ist dieser Berg in der Tat der rechte Ort, um eine Offenbarung Gottes zu empfangen, an der Stelle, wo der Himmel die Erde berührt und das Herz des Menschen sich sammelt im Zentrum der Welt" (II, 347).

Diese Sätze zeigen exemplarisch die ganze Willkür und Beliebigkeit der Drewermannschen Assoziationen. Nichts stimmt hier. Gerade nicht die *Legende* (etwa der apokryphen Evangelien) verlegt die Verklärung Jesu auf den Berg Tabor, sondern höchst rationale Exegese späterer Jahrhunderte, die für alle biblischen Geschehnisse Lokalisierungen vorzunehmen sucht. Eusebius (265–339) liefert den ersten sicheren Beleg einer Lokalisierung der Verklärung auf den Tabor. Er schwankt aber noch zwischen Tabor und Hermon. Erst seit Kyrillos von Jerusalem entscheidet sich die Väterexegese eindeutig für den Tabor. Die für Drewermann wichtige Tiefenschau der Legende war also in diesem Fall gerade nicht am Werk.

Genauso fragwürdig ist die Sicherheit, mit der Drewermann „Tabor" etymologisch als „Nabel (der Welt)" deutet. Er beruft sich dabei auf M. Eliade (vgl. II, 347 Anm. 3). Schlägt man allerdings bei Eliade nach, so sieht man sofort, daß dieser viel vorsichtiger formuliert. Er schreibt nämlich: „Der Berg Tabor in Palästina könnte *tabbûr* bedeuten – ‚Nabel'...". Aus der Möglichkeit bei Eliade ist bei Drewermann ein schlichtes Faktum geworden, auf dem dann ein tiefenpsychologisches Kartenhaus errichtet wird. In Wirklichkeit ist die Etymologie von „Tabor" äußerst umstritten. Möglicherweise bedeutet das Wort ganz schlicht „Berg" bzw. „Höhe". Die Unseriosität, mit der sich Drewermann hier Hypothesen zurechtbiegt, erweckt nicht gerade Vertrauen in seine Methode.

Er fährt fort: „Die Besteigung eines solchen Berges zum Empfang einer Vision ähnelt durchaus dem Verfahren der Schamanen, wenn sie an den Weltenbäumen, den Weltenbergen oder an den Himmelsleitern emporkletterten, um dem Himmel näher zu sein. Es handelt sich um einen ekstatischen Augenblick des Glücks, wo man die Welt zu Füßen liegen wähnt und die Freude hell und strahlend die gesamte Gestalt ergreift – eine Hochzeit des Lichts, im Taumel der Sinne, an der Grenzzone zwischen Traum und ‚Wirklichkeit'. Dieses Höchstmaß an Glück aber entzündet sich an der Gewißheit der eigenen Bestimmung und Berufung. Während die schamanistische Vision zu den (göttlichen) Ahnen des Stammes zurückführt, taucht in der Vision Jesu (und seiner drei Jünger) die Gestalt von *Mose* und *Elija* auf..." (II, 347 f).

Wie gesagt, der Text Mk 9,2–13 spricht überhaupt nicht von einer Vision Jesu, sondern nur von derjenigen seiner drei vertrauten Jünger: „Sechs Tage danach nahm Jesus Petrus, Jakobus und Johannes beiseite und führte sie auf einen hohen Berg, aber nur sie allein. Und er wurde *vor ihren Augen* verwandelt; seine Kleider wurden strahlend weiß, so weiß, wie sie auf Erden kein Bleicher machen kann. *Da erschien vor ihren Augen* Elija und mit ihm Mose..."

Nur die Verfälschung der Textaussage (unter Mißachtung der Textgattung) erlaubt es Drewermann, immer weiter über Jesu

Vision zu spekulieren: „Tiefenpsychologisch ist diese Erinnerung an weit zurückliegende Weissagungen und Verheißungen kaum anders zu deuten, als daß es in der Tat uralte Triebstrebungen, verdrängte Erinnerungen und verinnerlichte Erfahrungen sein werden, die nunmehr durchbruchartig eine schicksalbestimmende Macht entfalten. Entscheidend aber ist, daß dieses Schicksal vom Ich als etwas empfunden wird, das nicht als Verhängnis, sondern als Gnade, nicht als Fluch, sondern als Segen von Gott gegeben wurde. Ein Gefühl tiefer Geborgenheit und dankbaren Vertrauens, einer absoluten Versöhntheit und Ausgesöhntheit durchzieht ein solches Visionserlebnis…" (II, 348).

Es bedarf gar keiner historisch-kritischen Exegese, sondern nur einer schlichten Textlektüre, um festzustellen, daß Drewermann sich über die klaren Aussagen des Textes einfach hinwegsetzt. Und deshalb kann man angesichts seiner ungebundenen Auslassungen nicht mehr von Exegese sprechen.

Wir kommen zu dem zweiten Textbeispiel: Die Vision des Stephanus ist für Drewermann (II, 352–355) ein „Zeugnis für die todüberwindende Macht der Jenseitsbilder in der menschlichen Psyche" (II, 352). Wie bei der Erzählung vom Gerasener Besessenen setzt er für die Beschäftigung mit Apg 7,54 – 8,1 eine Studie von R. *Pesch*, Die Vision des Stephanus (Stuttgart 1966) als historisch-kritische Kontrastfolie für die eigene Auslegung ein.

Nach Drewermann haben „die Legenden … psychologisch völlig recht, wenn sie behaupten, daß ein Mensch, der sich vertrauensvoll Gott überläßt, im Angesicht des Todes nicht nur die Würgeengel seiner Angst erblickt, sondern daß er den Himmel offen sieht und sehen muß, um seiner Angst standzuhalten" (II, 354). Und von Stephanus heißt es: „Er, der für den Glauben an die Wahrheit Christi bereit ist, sich steinigen zu lassen, tritt notwendigerweise in die gleiche Sichtweise von Leben und Tod ein, die Jesus lehrte und verkörperte; und diese visionäre Kraft des Glaubens gehört offensichtlich zur Gestalt des Stephanus" (ebd.).

Allein an der inneren Geschichte und am seelischen Drama des Stephanus, an dessen Angst und an dessen Vertrauen, ist Drewermann interessiert. Der christologischen und der ekklesiologischheilsgeschichtlichen Bedeutung der Stephanus-Vision geht er nicht nach. Daß nach Apg 7,56 Jesus als *Menschensohn* erscheint und zwar *stehend* zur Rechten Gottes, wird von ihm heruntergespielt (vgl. II, 353). Dieser sehr präzise Inhalt der Vision paßt ja auch überhaupt nicht zu seiner Deutung, es handle sich um „eine Vision, die den Tod besiegt" (II, 355) bzw. um ein todüberwindendes Jenseitsbild in der menschlichen Psyche (vgl. II, 352). Wenn eine Vision – entgegen anders lautenden Beteuerungen Drewermanns – keine Offenbarungsqualität mehr besitzt, kann ja auch ihr Inhalt nur noch insofern interessieren, als dieser eine Projektion der Selbstvergewisserung der ewig lebenden, mit Bildern aus ewigen Quellen gespeisten Seele ist. Die Vision, wie Stephanus sie Drewermann zufolge erlebt, „versichert und bestätigt die Person eines Menschen in ihrer wesentlichen Wahrheit und ewigen Bestimmung" (II, 355). Daß Stephanus *Jesus* sieht – und zwar an einem Wendepunkt der nachösterlichen Sammlung Israels, kurz bevor die erste schwere Verfolgung über die Kirche zu Jerusalem hereinbricht (vgl. Apg 8,1) – ist für Drewermann weniger wichtig.

Erneut wird so deutlich, daß er eine entscheidende Grundlage seiner Individual-Religion, den Jenseitsglauben, ständig und stereotyp in biblische Texte hineinliest, auch wo diese eine völlig andere Aussageabsicht haben. Denn die Vision des Stephanus bestätigt ja keineswegs einen immer und überall erschwinglichen Jenseitsglauben; sie ist vielmehr an die Geschichte Jesu und der frühen Kirche gebunden. Dort wird Stephanus als Märtyrer verstanden, den Gott auferweckt und neben Jesus zu seiner Rechten setzt. Daß der Märtyrer darauf einen Anspruch habe, etwa weil seine Seele unsterblich sei, ist ein dem Neuen Testament gänzlich fremder Gedanke. Vor allem aber geht es in der Vision gar nicht in erster Linie um das ewige Leben des Stephanus. Es geht um die Rechtfertigung des Weges der Urgemeinde.

Wir kommen zu unserem dritten Beispiel für die Auslegung von Visionstexten durch Drewermann. Wir entnehmen es seinen Bemerkungen zur Interpretation der Johannesoffenbarung (II, 541–591). Auch bei der Auslegung des letzten neutestamentlichen Buches ist für Drewermann keineswegs diejenige Deutung maß-gebend, die *der urchristliche Verfasser selbst* den von ihm benutzten Stoffen und Bildern aufgeprägt hat. Diese – für die historisch-kritische Methode entscheidende Textebene – tut Drewermann mit wenigen Sätzen ab. Einer sachgerechten Auslegung der Johannesoffenbarung müsse es primär um die Tiefendimension des Textes gehen: „Statt das Augenmerk auf die ‚bewußte Aussageabsicht' des Autors, dieses ständig überforderten ‚Kronzeugen' der historisch-kritischen Exegese, zu richten, sollte man vielmehr verstehen, warum die Verfasser apokalyptischer Schriften sich nicht anders zu helfen wußten, als die reale Geschichte gerade nicht in theologischen Reflexionsbegriffen, sondern, ähnlich dem Traum in Bezug zu den Reminiszenzen eines vergangenen Tages, mit Hilfe archetypischer Symbole aus dem Unbewußten zu deuten" (II, 550). „Indem der apokalyptische Autor zur Deutung seiner Zeit auf mythische Vorlagen meint zurückgreifen zu müssen, gibt er selber zu verstehen, daß die Geschichte in ihrer historischen Bedeutung sich selbst transzendiert in das Bild eines *ewigen* Dramas" (II, 549).

Was aber ist dieses ewige Drama, das – jenseits aller bloß *historischen* Geschichte – von der Johannesoffenbarung als die *eigentliche* Geschichte dargestellt wird? Es ist nichts anderes als der Kampf des Hellen mit dem Dunklen im einzelnen Menschen. Nach Drewermann „gibt es in der ganzen Bibel kein Buch, das mit einem so langen Atem den mühsamen Weg schildert, auf dem ein Mensch aus Angst und Fremdbestimmung zu sich selbst und dem Ursprung seines Daseins zurückfindet" (II, 589f). Und so folgert er: „Nicht das Historische also ist das Primäre an den apokalyptischen Visionen, sondern die mythische Bildebene ist der tragende Grund der endzeitlichen Geschichte; mit anderen Worten: die reale Geschichte ist nicht das Thema, sondern nur der Anlaß, um die entsprechenden Bilder auf den Plan zu rufen" (II, 549). Eben dies kann die historisch-kritische Exegese verhindern: daß die Offenbarungsgeschichte, daß selbst Jesus von Nazaret zum „Anlaß" erklärt wird, die archetypischen Bilder eines ewigen Dramas im Innern des je Einzelnen wachzurufen.

Drewermann geht bezüglich der Johannesoffenbarung aber noch viel weiter. Ist die Intention dieses Buches, die eigene Gegenwart als endzeitliche Geschichte zu deuten, erst einmal auf die Deutung eines ewigen Dramas im Einzelnen reduziert, dann ist auch Gott, der in der Johannesoffenbarung durch seinen Messias in der Geschichte handelt, den Maßstäben der Tiefenpsychologie zu unterwerfen: „Es leidet keinen Zweifel, daß die Geh. Offb. nicht nur mythische Traditionen aufgreift, sondern daß sie ein Gottesbild vermittelt, das ... selbst durchaus mythische Züge an sich trägt... Wie in den Mythen, Märchen, Sagen und Legenden wird man folglich auch den ‚Gott‘ der Geh. Offb. als eine Instanz der menschlichen Psyche interpretieren müssen, deren rächende Gewalt am ehesten mit der Strenge des Überichs in Verbindung zu setzen ist" (II, 551 f). Bei solcher Interpretation ist die Theologie verabschiedet.

Um Mißverständnisse zu vermeiden, muß allerdings gesagt werden, daß Drewermann an anderer Stelle seines Werkes durchaus betont, der christliche Gott dürfe nicht mit Teilen der menschlichen Psyche identifiziert werden. Mit dem Gott der Johannesoffenbarung aber kommt er offensichtlich nicht zurecht. Hier urteilt er: „Tatsächlich trägt das Gottesbild der Geh. Offb. durchaus nicht die Züge des gnädigen und barmherzigen Gottes, den LUTHER zu Recht bei Jesus und Paulus zu finden meinte. Der Gott der Geh. Offb. ähnelt eher einem grausamen Rache- und Würgeengel denn dem Gott des Erbarmens und der Liebe. Diesen Eindruck kann man nicht dadurch abschwächen, daß man auf die Situation der Märtyrerzeit hinweist, in welcher der Gegensatz zwischen Staat und Kirche, Welt und Reich Gottes als ein unversöhnlicher Kampf auf Leben und Tod erscheinen mochte. Sollte Christus wirklich dafür gestorben sein, daß es am Ende ein christlicher Trost, ja ein Frohlocken der Heiligen im Himmel sei, sich durch Gott ‚gerächt‘ zu finden (Apk 18,20)? Und ist es wirklich der Gott Jesu Christi, der sich der Heerscharen des Satans bedient, um die Macht des Teufels zu zerstören (Apk 17,17)?" (II, 551).

Hätte Drewermann die historisch-kritische Auslegung der Johannesoffenbarung ernstgenommen und außerdem in Erwägung gezogen, ob sich nicht unser „normales" Denken von der Theologie dieses Buches her kritisieren lassen darf, so wäre er mit den zitierten Sätzen wohl ganz anders umgegangen.

Ist denn in Offb 17,17 überhaupt davon die Rede, daß Gott „sich der Heerscharen des Satans bedient, um die Macht des Teufels zu zerstören"? Der Text des Verses lautet: „Denn Gott lenkt ihr Herz so, daß sie seinen Plan ausführen: Sie sollen einmütig handeln und ihre Herrschaft dem Tier übertragen, bis die Worte Gottes erfüllt sind" (EÜ). Wessen Herz lenkt Gott so? Nach Vers 16 sind es „die zehn Hörner und das Tier", deren Deutung schon in den Versen 11–12 gegeben war: „Das Tier aber, das war und jetzt nicht ist, bedeutet einen achten König und ist doch einer von den sieben und wird ins Verderben gehen. Die zehn Hörner, die du gesehen hast, bedeuten zehn Könige, die noch nicht zur Herrschaft gekommen sind; sie werden aber königliche Macht für eine einzige Stunde erhalten zusammen mit dem Tier." Nach Vers 16 haben sie folgende Aufgabe: „Du hast die zehn Hörner und das Tier gesehen; sie werden die Hure hassen, ihr alles wegnehmen, bis sie nackt ist, werden ihr Fleisch fressen und sie im Feuer verbrennen." Was der Verfasser der Offenbarung des Johannes als Geheimnis verschlüsselt und zugleich durch den Deuteengel andeutungsweise entschlüsselt hat, läßt sich in einer historisch-kritischen Auslegung Zug um Zug dechiffrieren: Die Hure, die vernichtet werden soll, ist das Römische Weltreich, das sich mit seinen Kaisern göttliche Ehren anmaßt. Vernichtet werden soll es durch das Tier, den Nero redivivus, und dessen Vasallenkönige. Der Verfasser nimmt „die Form der Nerosage auf, wonach Nero zu den Partherkönigen geflohen sei, um diese aus Rache für seinen Sturz gegen Rom zu führen" *(U. B. Müller)*. Bei all dem sieht der Seher der Johannesoffenbarung Gott selbst am Werk, der die Herzen der Mächte so lenkt, daß sie seinen Plan ausführen.

Weshalb soll der Gott Jesu Christi nicht, wie es seiner Souveränität und Ehre entspricht, seine Macht über die eigene Schöpfung so geltend machen, daß er die Widersacher seines Volkes und den Antichristen, der sich wider seinen Gesalbten erhebt, sich selbst vernichten läßt? In Wirklichkeit leistet der Verfasser der Johannes-offenbarung so eine großartige Entlarvung der politischen Geschichte. Er entlarvt sie als eine Selbstzerstörungsgeschichte der gottlosen Menschheit – gemäß dem biblischen Denkansatz, daß sich der Mensch in den Folgen seines Handelns selbst verfängt. Aufgeklärter kann man über die Weltgeschichte gar nicht denken: Gott greift nicht in „Racheakten" von außen her ein; vielmehr „lenkt er die Herzen" darin, daß er sie auf das sinnen läßt, was in ihnen bewegt wird. Die Menschen, die wie Gott sein wollen und sich „Dominus ac Deus" nennen lassen, fechten unter sich den „Götter"-Kampf aus und bringen sich dabei um.

Mit dem Material überlieferter, ursprünglich mythischer, aber schon in der alttestamentlichen Tradition geschichtlich geprägter Bilder hat der Verfasser der Offenbarung des Johannes aufgeklärte Theologie vorgetragen, die unser illusorisches Denken kritisiert. Wie kleinkariert nimmt sich daneben das Mißverständnis (das dann zu tiefenpsychologischer Interpretation berechtigen soll) aus, Gott habe sich zur Zerstörung der Macht des Teufels der Heerscharen des Satans bedient! Die Apokalypse schildert keinen mythischen Kampf, kein mythisches Gericht, sondern die *Geschichte als Weltgericht*. Daß Gott auch das Herz derer, die nicht zu seinen Erwählten gehören, so lenkt, daß sie seinen Plan ausführen, ist eine der grundlegenden Glaubenserfahrungen Israels und der Kirche. Gott bot den Perserkönig Kyrus als „Messias" auf, um Israel aus dem babylonischen Exil zu holen. Genauso kann er den Nero redivivus aufbieten, um das widergöttliche Rom zu vernichten. Auch darin geschieht Gottes Gericht, wenn sich seine Widersacher selbst umbringen und vernichten. Johannes ist nicht durch den Mythus geblendet, sondern durch die Offenbarung aufgeklärt! Und die historisch-kritische Exegese arbeitet diese Aufklärung heraus!

Fragen wir schließlich noch: Wird in Offb 18,20 wirklich unterstellt, Christus sei dafür gestorben, daß die Heiligen im Himmel frohlocken, weil sie durch Gott gerächt wurden? Der Text des Verses lautet in der Einheitsübersetzung: „Freu dich über ihren Untergang, du Himmel – und auch ihr, Heilige, Apostel und

Propheten, freut euch! Denn Gott hat euch an ihr gerächt." Diese Übersetzung ist nicht gerade glücklich. Im Griechischen steht nämlich *ekrinen to krima:* „er hat das Gericht vollzogen". Nicht von einer Racheaktion ist also die Rede, sondern davon, daß Gott dem Recht Geltung verschafft, dem Recht der Märtyrer, die von der großen Hure Babylon, dem gottlosen Rom, hingerichtet wurden. Das Recht dieser Unterdrückten und Gemordeten hat Gott selbst in die Hand genommen, er hat ihren Rechtsanspruch zu dem seinen gemacht und das Gericht vollzogen. Der Jubel, von dem in Vers 20 die Rede ist, ist also Jubel über den Sieg der Gerechtigkeit.

Doch selbst mit dieser Einsicht ist der aufgeklärte Standpunkt biblischen Denkens und auch des Verfassers der Johannesapokalypse noch immer nicht erreicht. Der Sieg der Gerechtigkeit vollzieht sich dadurch, daß die Geschichte selbst den Unterdrückkern zum Gericht wird – sie bringen sich gegenseitig um – und daß die Gemeinde dieses Gericht als göttliches Gericht deutet.

Im übrigen: Wer den Gott der Gerechtigkeit, der „seinen Auserwählten, die Tag und Nacht zu ihm schreien", zu ihrem Recht verhilft (Lk 18,7), nicht versteht, der versteht auch nicht den gnädigen und barmherzigen Gott. Historisch-kritische Exegese verhilft zur Aufklärung über sein Handeln und darüber, daß all unser Sprechen über ihn mehr Unähnlichkeit als Ähnlichkeit aussagt und doch, wenn wir dadurch als Sünder entlarvt und als Begnadete begriffen werden, die Wahrheit.

4. Wortüberlieferungen

Unter der Überschrift „Zur Auslegung der Wortüberlieferungen" (II, 665) behandelt Eugen Drewermann „Streit- und Schulgespräche" (II, 683–697), „Biographische Apophthegmata" (II, 697–707), „Seligpreisungen, Gesetzesworte und Weisungen" (II, 707–711) und schließlich „Gleichnisse und Parabeln" (II, 712–753). Dabei beschreibt er zunächst, wie die einzelnen Logien der

Jesustradition in einem längeren Überlieferungs- und Redaktions-
prozeß zu Redekompositionen zusammengebunden wurden und
wie diese Redekompositionen heute durch die historisch-kritische
Exegese wieder dekomponiert werden, damit der anfängliche Sinn
und die ursprüngliche Situation eines jeden Einzellogions rekon-
struiert werden können.

Für solche Rekonstruktionsarbeit bekommt die historisch-kritische Exegese verhaltenes Lob: „Mit diesem Vorgehen, das wir hier
nur grob skizzieren können, leistet die historisch-kritische Methode, was sie leisten will und kann: sie zeigt die Zeitbedingtheit, die
Geschichtlichkeit, die Abhängigkeit eines Wortes von bestimmten
sich wandelnden deutenden Interessen auf, die seine Überlieferung, seine Formung, ja, oft genug sogar seine Entstehung begründen. Die Arbeit, die auf diesem Wege zu bewältigen ist,
erreicht ein beträchtliches Ausmaß, und das erreichte Ergebnis an
historischem Wissen über die Entstehungsgeschichte der Urkirche
oder der Wortüberlieferung des Alten und des Neuen Testamentes
ist beeindruckend" (II, 669).

Aber letztlich, so meint Drewermann dann doch, lohnt sich das
alles gar nicht, ja, es ist sogar methodisch falsch. Denn durch
solches Rekonstruieren der ursprünglichen Situation eines Logions
verstoße die Exegese gegen die Intention der Tradenten, die ihre
Traditionen gerade nicht historisch situieren, sondern ent-situieren
wollten: „Für die ursprünglichen Tradenten – dies ist die offen-
sichtliche überlieferungsgeschichtliche Tatsache – redeten die Worte ohne jeden historischen Zeitbezug durch sich selbst; sie wollten
mit ihrer Überlieferung, isoliert von jedem historischen Kontext,
Sätze von absoluter, ewiger Geltung überliefern, die gerade nicht zu
einer bestimmten, sondern zu jeder Zeit, nicht zu einer bestimmten
Menschengruppe, sondern zu der gesamten Menschheit reden
sollten und zu reden vermochten" (II, 669f). Eben deswegen
„vereitelt das Vorgehen der historisch-kritischen Exegese *a princi-
pio* die Möglichkeit, eine Rede wirklich religiös zu verstehen, und
dieser Vorwurf, den wir immer wieder gegen diese Methode
erheben müssen, wiegt hier, im Angesicht der unmittelbar ausge-
sprochenen religiösen Wahrheit, am schwersten. Indem die histo-

risch-kritische Methode die Rekonstruktion der *äußeren* Situation zur alleinigen und wesentlichen Verstehensvoraussetzung erhebt, verhindert sie *als Methode,* daß man das jeweilige Wort so aufnimmt, wie es religiös unbedingt verstanden werden muß: vollkommen *innerlich"* (II, 670f).

Drewermann greift hier eines der Grundprinzipien der historisch-kritischen Methode an. Es lautet: Ein Text wird nur dann richtig verstanden, wenn sich der Ausleger in die geschichtliche Situation hineinbegibt, in welcher der betreffende Text entstanden ist. Deshalb *muß* der Ausleger die Situation des Textes, also Verfasser, Adressaten, Umstände etc., so gut wie nur möglich rekonstruieren. Diese Rekonstruktion ist zwar bei weitem nicht – wie Drewermann der historisch-kritischen Methode unterstellt – die *einzige* Voraussetzung zum Verstehen eines Textes, aber sie ist eben doch Voraussetzung.

Im übrigen ist die Behauptung, schon die biblischen Tradenten selbst hätten die Jesusworte ent-situiert, historisch falsch. *Erstens* läßt sich zeigen, daß die Evangelisten in vielen Fällen der Wortüberlieferung mit Hilfe redaktioneller Rahmenbemerkungen eine geschichtliche Situierung gegeben haben (vgl. etwa Lk 15,1f). *Zweitens* hatte gerade die umfassende redaktionelle Bearbeitung der Jesusüberlieferung durch die Evangelisten das Ziel, diese Überlieferung in die veränderte kirchliche Situation der zweiten Jahrhunderthälfte hineinsprechen zu lassen. Auch das ist selbstverständlich historische Situierung. *Drittens* ist zu beachten, daß auch Traditionsgut, das ohne Rahmung tradiert worden ist (also etwa Logienkompositionen der Spruchquelle Q), dadurch, daß es in lebendigen Gemeinden mit festen Auslegungstraditionen oder von urchristlichen Lehrern mit einem festen Auslegungskanon überliefert wurde, *faktisch* situiert war, auch wenn man den Logien diese Situierung äußerlich nicht ansieht. Im übrigen ist es bezeichnend, daß die Logienquelle *als solche* überhaupt nicht in den Kanon gelangt ist, sondern eben nur als integraler Teil des narrativen Rahmens zweier Evangelien. Die ausdrückliche Berufung Drewermanns auf die Logienquelle (vgl. II, 667) beweist also überhaupt nichts.

Falsch ist aber auch die Behauptung Drewermanns, daß die Hineinstellung eines Textes in seine geschichtliche Ursprungssituation die Herausarbeitung seiner inneren oder eigentlichen Wahrheit *prinzipiell* verhindere. Dies braucht dann nicht der Fall zu sein, wenn sich der Ausleger in einer Situation befindet, die derjenigen des biblischen Verfassers *strukturkongruent* ist. Konkret: Der Ausleger muß in der Glaubenstradition stehen, die letztlich auch die Glaubenstradition des neutestamentlichen Autors war, und er muß in einer neutestamentlich verfaßten Gemeinde Erfahrungen machen, die den Erfahrungen der damaligen Gemeinden entsprechen. Ist dies der Fall, dann entfremdet ihn die historisch-kritische Behandlung eines Textes, obwohl sie anscheinend zunächst eine ungeheure Distanz schafft, gerade nicht von diesem Text, sondern zeigt ihm, in welchem Maß die damalige mit der eigenen Situation übereinstimmt, und führt ihn auf diese Weise überhaupt erst zum wirklichen Verstehen des Textes.

Man könnte auch folgendermaßen sagen: Alle biblischen Texte sind zutiefst gebunden an Geschichte, und nur aus Bindung an Geschichte können sie ausgelegt werden. Wer sie aus ihrer Geschichtsbindung löst, um sie überzeitlich zu machen, erleichtert nicht ihr Verstehen, sondern verhindert es. Es ist eine erschreckende Perversion jeder Hermeneutik (nicht nur der biblischen), wenn Drewermann behauptet: „Die einzig angemessene Art, um ein religiöses Wort zu verstehen, besteht darin, die ,ursprüngliche Situation' seines Anlasses zu *vergessen,* die Frage nach einer zweckbestimmten ,Anwendung' und ,Absicht' im Verlauf seiner Tradition *aufzugeben* und das Wort als ,Wort', als historisch ergangene Rede *aufzulösen*" (II, 672).

Wer so formuliert, fordert viel mehr als nur die stets notwendige *Vergegenwärtigung* eines biblischen Textes in die heutige Situation; er entwindet, ob gewollt oder ungewollt, die biblischen Texte der Offenbarungsgeschichte und reißt sie aus dem Boden, in dem sie wurzeln: dem Volk Gottes. Es ist dann nur konsequent, nicht nur die Entgeschichtlichung der Jesusworte zu fordern, sondern auch „Vereinzelung" für deren Rezipienten: „Die religiöse Rede treibt daher zunächst in die *Vereinzelung*, und ihr

Verständnis erschließt sich nur im Status der Vereinzelung" (II, 675). Der Sinn des salvierenden „zunächst" bleibt unklar. Denn Drewermann beschreibt nirgendwo, inwiefern die religiöse Rede, nachdem sie *zunächst* in die Vereinzelung getrieben hat, anschließend in die Gemeinschaft der Kirche treiben würde. Selbst wenn er sich das „anschließend" in dieser Form stillschweigend mitgedacht haben sollte, bliebe das Ganze grundfalsch. Es wäre dann nämlich vorausgesetzt, daß man ein Wort der Bibel auch unabhängig von der Interpretationsgemeinschaft des Volkes Gottes verstehen könne und alle kirchliche Vergemeinschaftung nur ein Epiphänomen sei, das die vielen Einzelnen, die bereits *als Einzelne* verstehen und glauben, in einem sekundären Prozeß zusammenschließe.

Man kann die Dinge wenden, wie man will: Drewermann nimmt weder ernst, daß die Offenbarung in *Geschichte* ergangen ist, noch daß sie an ein konkretes *Volk* ergangen ist. Deshalb kann er bei seiner Auslegung biblischer Texte deren eigentlichen Offenbarungsanspruch auch nicht herausarbeiten, sondern – im günstigsten Fall – religiöse Wahrheit, die immer und überall anzutreffen ist. Dies zeigt sich z. B. eklatant bei seiner Auslegung von Joh 4,1–42, dem Gespräch Jesu mit der Frau am Jakobsbrunnen, das er unter der Überschrift „Streit- und Schulgespräche" behandelt (II, 686–697).

Es ist kein Zufall, daß er sofort zu Beginn seiner Exegese von Joh 4,1–42 dekretiert: „Die Perspektive ist von Anfang an falsch zentriert, wenn man in dem Gespräch vorrangig ‚die stufenweise Selbstoffenbarung Jesu' erkennt" (so R. Schnackenburg); „es geht vielmehr wesentlich darum, wie die Frau dazu kommt, Jesus als den Messias zu erkennen. Dabei sind die einzelnen Schritte des Dialogs als *wesentliche* Stufen auf dem Weg zum Glauben an Christus zu verstehen" (II, 686 Anm. 1). Es geht in Joh 4,1–42 tatsächlich um „Stufen auf dem Weg zum Glauben an Christus", aber damit ist in keiner Weise ausgeschlossen, daß die Selbstoffenbarung Jesu die *bestimmende* Linie des Textes darstellt. Das ist schon vom Makrotext Johannesevangelium her zu erwarten, und es ist auch von Joh 4,1–42 her eindeutig. Jesus ergreift nämlich in

Joh 4,1–42 durchgängig die Initiative, und die messianische Selbstoffenbarung „Ich bin es, ich, der mit dir spricht" (V. 26) ist das Zentrum der gesamten Perikope. Aber an dem Messiasbegriff und seinen theologischen Implikationen ist Drewermann kaum interessiert. Derartiges gehört für ihn zu dem, was die historisch-kritische Exegese mit ihrer verfehlten Methode aus den Texten eben immer nur herausbekommt: „eine abstrakte Wiedergabe von ,Glaubensinhalten' der frühchristlichen Gemeinde" (II, 686 Anm. 1). Was ihn interessiert, sind „existentielle Standorte auf dem Weg zu Gott" (II, 687 Anm. 1), ist die „Aufdeckung des menschlichen Seins" (II, 691 Anm. 11), ist der Prozeß, „den jeder Mensch in typischen Schritten der Reifung auf dem Weg des Glaubens durchleben muß" (II, 697).

Von diesem Interesse her ist es dann wiederum alles andere als ein Zufall, daß Drewermann eine der Spitzenaussagen der Perikope rein *anthropologisch* interpretiert, nämlich den Satz: „Die Stunde kommt, und sie ist schon da, in der die wahren Beter den Vater im Geist und in der Wahrheit anbeten werden" (V. 23). Nach Drewermann meint hier *Geist* „nicht (den) Geist Gottes, sondern (den) Standpunkt einer menschlich wahren Überzeugung", und *Wahrheit* nicht die in Jesus offenbare Wahrheit Gottes, sondern „die innere Wahrhaftigkeit der eigenen Person" (II, 693 f).

Diese anthropologische Deutung ist sowohl von den Qumran-Parallelen als auch vom weiteren Kontext des Johannesevangeliums als auch vom unmittelbaren Kontext her völlig ausgeschlossen. R. Schnackenburg, einer der besten Kenner des Johannesevangeliums, schreibt zum Begriff des „Geistes" an unserer Stelle: „Ein spiritualistisches Verständnis, als wolle Jesus dem äußeren Kultort eine rein innerliche, im Geist des Menschen erfolgende Gottesverehrung gegenüberstellen, verbietet sich aus dem Pneuma-Begriff, der nach V. 24 nur den göttlichen Geist, wie meist in den joh. Schriften, bezeichnen kann... Zur Gottesanbetung in ,Geist und Wahrheit' ist es zunächst nötig, daß der Mensch von Gottes Geist erfüllt und durchdrungen wird. Das geschieht für die Christusgläubigen in realer und vollgültiger Weise seit der Gotteszeugung in der Taufe. Da empfangen sie die Macht, Kinder

Gottes zu werden... Diese eschatologisch-gegenwärtige Geist-verleihung ist durch Jesus Christus gekommen... Die wahre Anbetung im Geiste ist darum nur in der Christusverbundenheit möglich... In ihm (sc. Christus) geschieht der wahre Kult... Der Kult in Geist und Wahrheit wird von der Gemeinde der Christusgläubigen getragen. Die wahren Anbeter sind keine Indi-vidualisten, sondern die Herde Gottes, vom Gottessohn gesam-melt" (R. Schnackenburg, Das Johannesevangelium I, Freiburg i. Br. 1965, 471–473).

Drewermann kennt und zitiert den Johanneskommentar von Schnackenburg durchaus – aber leider nur dann, wenn er ihn gebrauchen kann. Es hätte ihm gut angestanden, wenn er Schnak-kenburgs Ausführungen zur *Anbetung in Geist und Wahrheit*, die wir bewußt ausführlich zitiert haben, ernstgenommen hätte. Aber das tut er nicht, denn sie passen nicht in sein Konzept. Wenn man einen Text entgeschichtlichen will, damit er einer allgemeinen menschlichen Erfahrung offen steht, die immer und überall in gleicher Weise gewonnen werden kann, darf man einfach nicht zugeben, daß dieser Text von einer einmaligen, eschatologischen Offenbarung spricht, die allein Christus gebracht hat und die allein in der Kirche als dem Ort unterscheidenden Offenbarungs-wissens weitergegeben und weitererfahren werden kann.

Daß Drewermann hier genau weiß, was er tut, zeigt seine gereizte Attacke gegen den Begriff des *Eschatologischen*. Sie erfolgt exakt bei seiner Auslegung des Syntagmas „in Geist und Wahrheit", und sie endet in einer völligen Entleerung des Begriffes „eschatolo-gisch": „Im übrigen kommt es darauf an, vor allem einmal die theologische Phraseologie von der ‚Eschatologie' zu entmytholo-gisieren und zu enthistorisieren; man wird dann sehr bald sehen, daß ‚eschatologisch' gerade dies bedeutet, daß ein Mensch zu seiner Wahrheit findet, indem er in seiner Existenz zu Gott hinfindet. Die ‚eschatologische' ‚Wahrheit' Gottes ist keine andere als die Wahrheit, in die ein Mensch mit seinem ganzen Dasein eintritt, wenn er im Umraum eines tiefen Vertrauens in den absoluten personalen Hintergrund seines Daseins zu sich selbst gefunden hat. Diese Erfahrung ist identisch mit dem Vorgang einer ‚neuen Geburt aus dem Geiste' (Joh 3,3–8) bzw. einem Geborensein aus Gott (Joh 1,13)" (II, 693 Anm. 15).

Was für ein Nebel! Was Drewermann hier schildert, ist religiöses Vertrauen, das bei jedem gegeben ist, der sein Leben gläubig von einem Gott bestimmen läßt, sei er nun ein frommer Kanaanäer, Moslem oder Baha'i. Die aus solchem Vertrauen resultierende religiöse Selbstfindung mit dem johanneischen „aus Gott geboren werden" gleichzusetzen, verrät ein tiefes Mißverstehen der johanneischen Offenbarungstheologie. Der vierte Evangelist will mit der Anbetung im Geist und in der Wahrheit ja gerade die fundamentale Differenz der durch Jesus erschlossenen eschatologischen Gottesverehrung zu aller Gottesverehrung, die es bis dahin in der Welt gab, formulieren.

Diese eschatologische Gottesverehrung ist keine Religion des Einzelnen, sondern setzt erwähltes Gottesvolk voraus – das zeigt der Messiasbegriff, der im Mittelpunkt der Perikope steht. Die Aufgabe des Messias ist es ja, Gott ein heiliges *Volk* zu sammeln (vgl. Joh 11,50–52). Das Spezifikum der eschatologischen Gottesverehrung in Geist und Wahrheit ist also gerade nicht adäquat beschrieben, wenn Drewermann formuliert, in ihr finde der Mensch „zum Mittelpunkt der eigenen Existenz" (II, 694). Ihr Spezifikum ist vielmehr, daß der Mensch den Willen Gottes tut, das heißt, für das Werk Gottes, für die Sache Gottes in der Welt Sorge trägt. Der johanneische Jesus formuliert dieses „für die Sache Gottes leben" in Joh 4,34 folgendermaßen: „Meine Speise ist es, den Auftrag dessen auszuführen, der mich gesandt hat, und sein Werk zu vollenden." Aber gerade die Verse 31–38 der Perikope, in denen die Vordringlichkeit der Sache Gottes in der Welt geschildert wird, die die Not des Einzelnen weit überschreitet („die Felder sind weiß zur Ernte"), hat Drewermann von vornherein und ganz bewußt als unwesentlich ausgeklammert (vgl. II, 686 Anm. 1). Darf man solchen eindimensionalen Eklektizismus noch Exegese nennen?

III. Abschließende Überlegungen

1. Eine neue Theologie?

Es ist Zeit, ein Fazit zu ziehen. Doch zunächst sei noch einmal betont: Unsere Streitschrift bezieht sich nicht auf das bisherige Gesamtwerk Eugen Drewermanns. Sie beschränkt sich auf sein programmatisches Werk „Tiefenpsychologie und Exegese". Auf dessen Schutzumschlag ist die Rede von einem „epochemachenden Werk", „das auf dem Fundament der Tiefenpsychologie eine umstürzend neue Theologie entwickelt" (vgl. Bd. II). Ein epochemachendes Werk? Wir denken eher, es sei eine Bestätigung des seit einiger Zeit modischen Trends, das Christentum meditativ als „Religion" zu akkomodieren, seine Symbole als Lebenshilfen emotional zu nutzen, als Christ in den Chor der Religionen gutmeinend miteinzustimmen. Eine umstürzend neue Theologie? Neu ist – abgesehen von Erkenntnissen der Tiefenpsychologie, die allerdings selektiv eingebracht werden – nichts, jedenfalls keine theologische Aussage. Im Gegenteil: Aufs Ganze gesehen ist die Theologie verabschiedet; sie hat zugunsten einer vagen Religiosität abgedankt, die sich mit der Tiefenpsychologie zu einer modernen Gnosis verbündet. Dabei ist Drewermann ein Magier des Wortes, das traumhaft hingesetzt wird und nicht selten verschiedenartige Verständnisse zuläßt. Doch die Richtung führt weit weg von der Schrift und von der Tradition der Kirche.

Mit Recht sagt der Schutzumschlag, daß das Werk „auf die psychischen Ursprünge des Christentums und der Religion überhaupt zurückgreift und unsere eigenen Lebenserfahrungen abhorcht" (vgl. Bd. II). Gerade das ist nicht der christliche Ansatz. Christliche Theologie greift auf die Schrift und die kirchliche Tradition zurück und horcht die gegenwärtigen *Glaubens*erfahrungen ab. Indem Drewermann die Schrift als eine Sammlung „innerer" ubiquitärer Wahrheiten behandelt, löst er sie auf. Genauso wird von ihm die dogmatische Tradition aufgelöst zu integralen Symbolen, die in den Tiefenschichten der menschlichen Seele zu allen Zeiten und Zonen archetypisch angelegt sind. Damit entsteht eine Art Universalreligion auf archetypischer Grundlage, die das Christentum in sich aufsaugt.

Überhaupt könnte man von einem Sog-Effekt der Hermeneutik Drewermanns sprechen: Sie hat einen riesigen Magen und verschlingt alle Texte, die ihr in den Weg kommen, seien es nun Texte aus Ägypten oder aus der Bibel, seien es Märchen oder Geschichtswerke, seien es Kierkegaard oder Gandhi. Genau so konnte sich einst auch die Gnosis alle Texte anverwandeln, deren sie nur habhaft werden konnte.

Eine neue Theologie? Nein. Diese Theologie ist weder neu noch gut.

2. Die Not der Kirche

Das Tragische ist, daß Eugen Drewermann mit all dem keineswegs verantwortungslos handeln, sondern helfen will. Nur allzu deutlich steht hinter seinem Versuch, eine Theologie auf tiefenpsychologischer Basis zu entwerfen, die höchst sensible Wahrnehmung einer beunruhigenden Not der heutigen Kirche: ihr Mangel an lebendiger Glaubenserfahrung. Drewermann hat begriffen, daß die Theologie verkommen muß, wenn sie ihre Reflexion nicht auf authentische Glaubenserfahrungen aufbauen kann, und zwar nicht nur auf Glaubenserfahrungen der Vergangenheit, sondern gerade auch der Gegenwart.

Vieles, was er hinsichtlich des Erfahrungsdefizits der gegenwärtigen Theologie beklagt, muß ernstgenommen werden, zum Beispiel, daß die Theologie, „statt Erfahrungen zu vermitteln, Begriffe zur Deutung fremder Erfahrungen lehrt, daß sie die ursprünglichen Gefühle religiösen Erlebens durch rationale Theorien über die vermutlichen Konsequenzen solcher Erlebnisse ersetzt und daß sie insgesamt in ihrer Reduktion auf verstandesmäßige Argumentationsmuster den Ursprung religiöser Erfahrung mehr verschüttet als eröffnet. Die Gefahr ist nicht zu übersehen, daß auf diese Weise das viele Reden von Gott gottlos, das Sprechen vom Geiste geistlos" (II, 16f) wird.

Es ist zwar nur bedingt Sache der Theologie, Glaubenserfahrungen „zu vermitteln", wie Drewermann sagt; ihre eigentliche Aufgabe ist es, sie zu reflektieren. Aber diese Reflexion setzt notwendig einen realen Lebenszusammenhang mit Glaubenserfahrung voraus, sonst reflektiert die Theologie nur die Reflexionen über Reflexionen von Glauben. Doch ist dieser Lebenszusammenhang für die heutige Theologie selbstverständlich? Drewermann schreibt: „Für einen Menschen dürfte wohl nichts schwieriger sein, als sich einzugestehen, daß er womöglich viele Jahre seines Lebens damit zugebracht hat, von Dingen zu reden, die er nie gefühlt, nie erfahren, nie erlebt und nie erkannt, dafür aber allen anderen erklärt, bewiesen, begründet und verkündet hat; doch gerade diese Entdeckung läßt sich u. U. nicht vermeiden, wenn von dem gegenwärtigen Status der Theologie und darin besonders der Exegese die Rede sein soll" (II, 17f).

Wir sind überzeugt, daß Drewermann mit diesem Text die tiefste Not der gegenwärtigen Kirche anspricht. Wir glauben allerdings nicht, daß Theologen und Seelsorger heute ständig über Dinge reden, die sie nie gefühlt und nie erfahren haben. Sie helfen sich einfach so, daß sie nur über diejenige Seite des Glaubens reden, die ihrer eigenen Erfahrung offen steht. Darin sind sie ehrlich. Die Konsequenz ist dann allerdings, daß über viele biblische Wahrheiten in Theologie, Verkündigung und Katechese überhaupt nicht mehr geredet wird. Das fundamentale Erfahrungsdefizit gegenüber dem Glauben der Bibel führt automatisch zu einer Stoffselektion, die ganz von dem *Noch-Verstehen-Können* des heutigen höchst privatistischen Glaubens gesteuert wird. Wir sind deshalb nicht überzeugt, daß es Drewermann gelungen ist, das von ihm angesprochene Erfahrungsdefizit präzise genug zu bestimmen, die eigentlichen Probleme hellsichtig zu diagnostizieren und die Heilmittel zuverlässig zu verordnen. Worin besteht die *wirkliche* Not der heutigen Kirche?

103

Zunächst einmal darin, daß ihr seit langem eine neutestamentliche Grunderfahrung abhanden gekommen ist: die Erfahrung, in der *messianischen Endzeit* zu leben, in der sich die Verheißungen bereits zu erfüllen beginnen. „Selig die Augen, die sehen, was ihr seht", sagt Jesus. „Viele Propheten und Könige wollten sehen, was ihr seht, und haben es nicht gesehen" (Lk 10,23 f). Dieses Wort gilt nicht nur für die Jesuszeit, sondern es beschreibt zugleich eine fundamentale Erfahrung der frühchristlichen Gemeinden. Der für die Endzeit verheißene Geist ist bereits ausgegossen (Apg 2,14–21); die Glaubenden sind schon vom Tod hinübergeschritten ins Leben (Joh 5,24). Diese Grunderfahrung der Urkirche wird von der Exegese zwar getreulich festgestellt und abstrakt reflektiert (manchmal auch nur katalogisiert), aber der Reflexion entspricht keine unmittelbare messianische Erfahrung mehr in der heutigen Kirche. Bei Drewermann entfällt nun allerdings sogar noch diese Reflexion. Er nimmt die Gegenwartseschatologie des Neuen Testamentes gar nicht wahr, sondern fällt zurück in das, was wir bei ihm immer wieder als „Jenseitsreligion" bemängeln mußten: Alle Erfüllung ereignet sich erst jenseits des Todes in der Ewigkeit, wenn die unsterbliche Seele endlich ihr Ziel erreicht hat. Vorher mag es menschlich erfüllte Stunden geben, aber keine messianische Erfüllungszeit. Mit dem Begriff des Messianischen kann Drewermann nichts anfangen.

Die fundamentale Not der heutigen Kirche besteht zweitens darin, daß ihr die Dimension der Geschichte, und zwar der *Geschichte zwischen Gott und seinem Volk,* abhanden gekommen ist. Die Kirche glaubt zwar, daß es eine solche Geschichte früher, in biblischer Zeit, einmal gab. Sie liest in ihren Gottesdiensten regelmäßig Geschichten von den vergangenen Taten Gottes vor, glaubt aber nicht daran, daß die Taten Gottes weitergehen. Die christlichen Gemeinden rechnen nicht mehr damit, daß Gott heute noch handelt und daß sie selbst der einzige Ort sind, wo Gottes Handeln an der Welt gedeutet und eben dadurch erfahren werden könnte. Die Theologie reflektiert zwar den Begriff der Heilsgeschichte, hat aber kein Organ mehr, gegenwärtige Heilsgeschichte wahrzunehmen. Das Schlimme ist nun, daß Drewermann, der das

Erfahrungsdefizit heutiger Christen mit Recht lauthals beklagt, die derzeitige Unfähigkeit der Kirche, Heilsgeschichte wahrzunehmen, nicht nur nicht diagnostiziert, sondern sie mit seinem Werk sogar noch weiter vertieft. Denn für ihn ist – wie wir immer wieder sahen – Geschichte sowieso nur ein Epiphänomen des inneren Dramas im Menschen. In der Einzelseele vollzieht sich für ihn die eigentliche Geschichte. Einer Geschichte im biblischen Sinn zwischen Gott und seinem Volk steht er völlig verständnislos gegenüber.

Die fundamentale Not der heutigen Kirche besteht drittens darin, daß sie ihre *Weltdimension* verloren hat. Sie redet zwar ständig von ihrer Sendung in die Welt und von der Weltverantwortung des Christen, aber sie begreift nicht, daß sie nur dadurch Welt verändern kann, daß *sie selbst* erlöste und veränderte Welt wird. Sie gibt sich der Illusion hin, mit moralischen Appellen Gesellschaft verändern zu können, und merkt gar nicht, daß sie zuerst einmal selbst in ihren Gemeinden neue Gesellschaft unter der Herrschaft Gottes sein müßte. Dem entspricht exakt, daß sie von der Gesamtgesellschaft als integraler *Teilbereich* betrachtet wird, und zwar als jener Teilbereich, der für das „rein Religiöse" zuständig ist. In allen anderen Bereichen – und das sind gerade die Bereiche, in denen sich das wirkliche Leben abspielt, also etwa in Erziehung, Wirtschaft, Freizeit – geht die Gesellschaft durchaus ihren eigenen Weg, den Weg ihrer Götter. Genau hier eröffnet sich das verhängnisvollste Erfahrungsdefizit heutiger Christen. Sie wissen gar nicht mehr, was neutestamentlich verfaßte Gemeinde eigentlich ist. Sie wissen nicht mehr, daß Christen nicht nach den Verhaltensmustern der Gesamtgesellschaft, sondern nach der Sozialordnung des Volkes Gottes zu leben haben. Sie wissen nicht mehr, was es heißt, Haus, Brüder, Schwestern, Mutter, Kinder und Äcker um Jesu willen zu verlassen und dafür schon in dieser Zeit Häuser, Brüder, Schwestern, Mütter, Kinder und Äcker hundertfach zurückzuerhalten – wenn auch unter Verfolgungen (vgl. Mk 10,29 f). Niemand zeigt ihnen den Weg der Nachfolge, die ja niemals Isolierung und Entweltlichung bedeuten dürfte, sondern ganz im Gegenteil Leben in der erlösten Gesellschaft christlicher Gemeinde.

Das Schlimme ist nun wiederum, daß Drewermann, obwohl er christliche Erfahrung will, den Christen in diesem Punkt noch erfahrungsloser macht. Denn ihm geht es nicht um das Christliche, sondern um das Religiöse, nicht um das Gesellschaftliche, sondern um das Private; nicht um das Volk Gottes, sondern nur um den Einzelnen. Indem er mit Hilfe der Tiefenpsychologie das Christentum als Religion wiederbeleben will, legitimiert er, ohne es überhaupt zu merken, genau den derzeitigen Status der Kirche als Teilbereich der Gesamtgesellschaft und verstärkt so den Trend zur Privatisierung und Entweltlichung des Glaubens.

Daß Drewermann trotz aller Sensibilität für das Erfahrungsdefizit der gegenwärtigen Theologie gleichzeitig in der genaueren Bestimmung dieses Erfahrungsdefizits so blind ist und derart unfähig für eine wirkliche Diagnose, hängt unseres Erachtens durchaus mit seiner Verachtung der Geschichte und der historisch-kritischen Methode zusammen. Wie sollte man die Not des Volkes Gottes richtig diagnostizieren können, ohne ständig zurückzublicken in dessen lange Geschichte? Das aber ist nicht möglich ohne eine Theologie, deren Blick historisch-kritisch geschult ist.

3. Die Unaufgebbarkeit der historisch-kritischen Exegese

Nach christlichem Glauben hat sich Gott *in Geschichte* geoffenbart. Wenn Jesus das definitive Wort Gottes an die Welt und die ganze Offenbarung Gottes in Person ist, dann nicht nur, weil in ihm die ewige Wahrheit Gottes als Wunder in die Welt hineingekommen ist, sondern weil er zugleich der absolute Höhepunkt einer langen Glaubensgeschichte ist, in der Israel in einem grandiosen geschichtlichen Experiment nach der richtigen Form der Gottesherrschaft gesucht hat. In Jesus Christus hat der suchende, immer wieder abirrende und immer wieder findende Weg Israels sein Ziel erreicht.

Man muß sich freilich darüber im klaren sein, daß diese Suche nach der richtigen Gesellschaftsgestalt der Gottesherrschaft, daß die ständigen Bemühungen des Gottesvolkes, den Herrschaftswechsel von den Göttern der Welt zu dem einen, wahren Gott zu vollziehen, mit Jesus, der den Schatz im Acker Israels endgültig findet, nicht beendet und erledigt sind. Was da nämlich in einem langen religions- und gesellschaftskritischen Prozeß gefunden worden ist, bleibt dem Volk Gottes als *Ergebnis* nur dann gegenwärtig, wenn auch der *Prozeß* selbst, der zu diesem Ergebnis geführt hat, gegenwärtig bleibt. Deshalb braucht das Gottesvolk nicht nur das Neue, sondern auch das Alte Testament. Mehr noch: Die Wahrheit Gottes und die richtige Form der Gottesherrschaft, die durch Jesus endgültig entdeckt worden ist, bleibt dem Gottesvolk nur dann gegenwärtig, wenn es auch den geschichtlichen Prozeß von Jesus bis zu seiner eigenen Gegenwart, nämlich die Geschichte der Kirche, ständig überschaut und überdenkt.

So ist die Theologie unabdingbar angewiesen auf geschichtliche Erkenntnis: auf die Erkenntnis des Weges Israels, des Weges Jesu, des Weges der Kirche. Nur indem sie sich fortwährend dieses gesamten Weges mit seinem Glauben und Unglauben, seinem Verfehlen und Finden erinnert, kann sie den Gipfelpunkt des Weges, die definitive Offenbarung Gottes in Jesus, unbeirrbar im Blick behalten. Solch unablässiges geschichtliches Erinnern bedarf nun aber neben vielem anderen – zum Beispiel der Erinnerung im kultischen Gedächtnis – auch der historisch-kritischen Exegese.

Es ist freilich wahr, daß die Kirche bei dieser Erinnerungsarbeit bis hin zur Neuzeit ohne historisch-kritische Exegese ausgekommen ist: Die biblischen Geschichten wurden im Gottesdienst vorgelesen und in der Predigt erklärt; im Katechumenat führte die Alte Kirche ihre Taufbewerber in das richtige Hören der Bibel und damit in die richtige Hermeneutik ein.

Es ist auch wahr, daß die historisch-kritische Methode zunächst sehr stark von antidogmatischen, oft sogar antikirchlichen Tendenzen bestimmt war. Aber diese Tendenzen gehören nicht zum Wesen der Methode. Sie sind ablösbar. Gerade weil die jüdisch-christliche Theologie von ihrem tiefsten Wesen her Aufklärung zuläßt und fördert, war auf die Dauer Theologie ohne historisch-kritische Aufklärung nicht möglich.

Wo der *Rationalismus* die Theologie der Mythologie bezichtigte, konnte die historisch-kritische Methode die Geschichte und die Geschichtlichkeit der Offenbarung herausarbeiten. Wo der *Fideismus* die Spannung zwischen Text und Wirklichkeit, Faktum und deutender Überlieferung in einer falschen Geschichts- und Wundergläubigkeit aufheben wollte, konnte die historisch-kritische Methode auf die biblischen Redegattungen und auf die Funktion der Geschichtsdeutung im Offenbarungsprozeß hinweisen. Wo eine oberflächliche Offenbarungstheologie das Handeln Gottes und das Handeln des Menschen unzulässig vermischt oder unzulässig trennt, kann die historisch-kritische Methode den ganzen Part des Menschen kritisch erheben, damit analog dazu das je ganze Handeln Gottes geglaubt werden kann.

Die historisch-kritische Exegese hat gewiß nicht die Aufgabe, den Glauben zu verkünden, aber das könnte eine vorwiegend aus Tiefenpsychologie gespeiste Exegese genauso wenig. So wenig wie die Tiefenpsychologie kann die historisch-kritische Exegese ein Allheilmittel gegen die Dürre der Theologie sein, die sie eher noch zu befördern scheint. Mehr jedoch als die Tiefenpsychologie kann sie der Theologie bei der Unterscheidung von Religion und Offenbarung zu Diensten sein. Außerdem kann sie die Tiefenpsychologie und ihre Erkenntnisse durchaus integrieren, während sie in Drewermanns Sicht für die Tiefenpsychologie ein unbrauchbares, ja gefährliches Instrument ist. Die Gefahr aber, daß die wissenschaftliche Exegese mit klugen Worten das Evangelium verdunkelt, ist gewiß nicht weniger groß als die Gefahr, daß die Tiefenpsychologie aus dem Skandalon des Kreuzes eine ubiquitäre Religion macht. Schließlich: Wenn sich die historisch-kritische Exegese immer wieder als „gottlos" und „geistlos" erweist (II, 16 f), so hängt das nicht an der Methode an sich, sondern daran, daß sie oft nicht eingewurzelt ist in eine lebendige Kirche. Ohne den Nährboden neutestamentlich verfaßter Gemeinden ist die wissenschaftliche Exegese mit ihrer sogenannten „Objektivität" ebenso destruktiv wie die Tiefenpsychologie mit ihrer sog. „Subjektivität".

4. Der wiederzufindende Ort

Damit sind wir endgültig zu dem Punkt gelangt, der nun schon mehrere Male in Sicht kam und auf den es entscheidend ankommt: Christliche Schriftauslegung ist nicht möglich ohne den Ort, an dem allein die Geschichte Gottes mit seinem Volk erfahren werden kann; sie ist nicht möglich ohne den Boden neutestamentlich verfaßter Gemeinden. Die Vorstellung, daß der Einzelne, so er nur das rechte Einfühlungsvermögen und genügend guten Willen habe, die Wahrheit der Schrift selbst finden könne, hat in der biblischen Tradition, die den Menschen mit nüchterner Skepsis betrachtet, keinerlei Basis. Nach der Erfahrung des Gottesvolkes ist der Einzelne, falls er sich nicht immer neu am Glauben der Gemeinde ausrichtet und sich von dieser auf das Evangelium ausrichten läßt, ständig in sich selbst verkrümmt und auf falschem Weg. Er will viel zu sehr sich selbst, seine eigenen Götter und seinen eigenen Lebensplan, als daß er ohne Hilfe von außen den wahren Gott und dessen Plan mit der Welt wollen könnte. Deshalb kann er auch die Schrift, die von nichts anderem als dem Plan Gottes und dem Herrschaftswechsel von den Göttern zu Gott redet, niemals verstehen. Er wird den Sinn zentraler Texte der Bibel gar nicht erst wahrnehmen, weil er ihn von seinem eigenmächtigen Lebensentwurf her verdrängen muß.

Diese Unfähigkeit des Einzelnen, die Schrift zu verstehen, wird im Neuen Testament geradezu paradigmatisch in Lk 24,13–35 entfaltet. Die beiden Jünger, die da nach Emmaus unterwegs sind, haben die Predigt Jesu gehört und seine Wunder gesehen (V. 19) und kennen sich aus in den Texten der Propheten (V. 25). Trotzdem begreifen sie nichts. Auch daß sie miteinander sprechen und die jüngsten Ereignisse untereinander diskutieren (V. 14f), also genau das tun, was unsere Sozialtechniker in solchen Fällen empfehlen, hilft ihnen nicht im geringsten weiter. Sie können ihr Unverständnis, ihre tiefe Trauer und Resignation nicht überwinden (VV. 17.25). Und bei all dem entfernen sie sich beständig weiter von dem Ort, an dem die übrigen Jünger versammelt sind

(VV. 13.33) und an dem inzwischen Entscheidendes geschieht (V. 34). Aus diesem immer weiter wegführenden Unverständnis können sie sich selbst nicht befreien. Der Auferstandene muß auf dem Weg zu ihnen stoßen (V. 15) und ihnen, ausgehend von Mose und allen Propheten, den messianischen Sinn der gesamten Schrift aufzeigen (V. 26 f). Aber selbst diese diskursive Belehrung über die Schrift würde deren Texte noch nicht erschließen, wenn nicht etwas anderes hinzukäme: die in der eucharistischen Memoria verdichtete Rückerinnerung, die ihnen der Auferstandene schenkt (V. 30). Da erst werden ihnen die Augen geöffnet, das Herz brennt in ihrer Brust, und sie verstehen endlich (V. 32).

Für unseren Zusammenhang ist entscheidend, daß diese die Schrift erschließende Begegnung mit dem Auferstandenen ekklesiale Dimension hat: Die beiden Jünger brechen noch „zur selben Stunde" auf und kehren nach Jerusalem zu den Elf und den übrigen Jüngern zurück (V. 33). Es gibt also kein wahres Verstehen der Schrift, das von der Kirche entfernt. Führt die Schriftauslegung den Einzelnen nicht „zur selben Stunde" zurück in die Versammlung der Jüngergemeinde, so war sie keine wirkliche Schriftauslegung. Sieht man genau zu, so setzt in Lk 24,13–35 die ekklesiale Dimension der Schriftauslegung freilich noch viel früher ein. Indem Jesus die beiden Jünger um sich versammelt und mit ihnen in heiligem Gedächtnis das Brot bricht (V. 30), ereignet sich ja bereits in Vorwegnahme „Gemeinde". Die Schrifterschließung, von der die Emmausperikope erzählt, führt also nicht nur zur Jüngergemeinde hin, sondern sie geschieht selbst schon in ekklesialer Gemeinschaft, die der Erzähler in einem stilisierten Idealbild vor Augen stellt.

Überträgt man dieses lukanische Paradigma vom wahren Verstehen der Schrift in unsere eigene nachpfingstliche Situation, so gilt natürlich: Dem auferstandenen Messias selbst können wir nicht mehr begegnen. Er ist uns entschwunden, und es hat keinen Sinn, ihm nachzustarren (Apg 1,11). An seine Stelle ist aber seit Pfingsten der von ihm selbst verheißene heilige Geist getreten (Lk 24,49), der die endzeitliche Sammlung des Gottesvolkes ermöglicht (Apg 2,16–21). Dieses vom Geist erfüllte endzeitliche Gottesvolk legt mit seiner ganzen Existenz Zeugnis ab von der Auferstehung des Messias (Apg 4,32f). Es ist einmütige Versammlung (Apg 5,12); in ihm gibt es keine Armen mehr (Apg 4,34); an ihm erfüllen sich die prophetischen Verheißungen (Apg 15,16); in seiner Mitte gehen die messianischen Taten Jesu weiter (Apg 3; 4,10). Wer es verfolgt, verfolgt den Messias selbst (Apg 9,4). Es ist also wahrhaft *messianisches Volk*, das stellvertretend für den zu Gott erhöhten Messias redet und handelt.

Deshalb gilt: So wie der auferstandene Messias den Jüngern die Schrift erschloß, so erschließt nun auch sein vom Tod erwecktes Volk die Schrift. Lukas zeigt dies paradigmatisch in den Missionsreden der Apostelgeschichte. Dort spielt die messianische Exegese des Alten Testamentes eine entscheidende Rolle (vgl. vor allem Apg 2,25–36). Aber nicht nur die Apostel sind nun durch den heiligen Geist befähigt, die Schrift zu verstehen und auszulegen. In Apg 4,23–31 erzählt Lukas, wie die gesamte Gemeinde mit Schriftworten aus den Psalmen zu Gott um Furchtlosigkeit betet. Dieses Gebet deutet in erregend kühner Weise die Situation von Ps 2 auf die Situation des gekreuzigten Jesus und seiner verfolgten Gemeinde, deutet also die eigene kirchliche Gegenwart von der Schrift her – und zwar gegen die damals in Israel übliche Exegese. Das bedeutet: An der in der Nachfolge Jesu lebenden Gemeinde erfüllen sich, wie an Jesus selbst, die messianischen Texte der Schrift, aber sie erfüllen sich, indem sie den bis dahin angenommenen Sinn durchkreuzen und zugleich in größerer Tiefe enthüllen. Die Gemeinde gerät durch ihren Glauben und ihre Nachfolge in „Gleichzeitigkeit" mit den alten Texten, und deshalb tritt ihr der wahre Sinn der Schrift in einer ganz neuen Unmittelbarkeit und Tiefe entgegen. Erst die Jesus nachfolgende Gemeinde versteht die Schrift wirklich und kann das übrige Gottesvolk über den wahren Sinn der Schrift belehren.

So enthält das lukanische Doppelwerk, vor allem aber auch die Emmausperikope, geradezu ein Programm biblischer Hermeneutik. Man könnte dieses Programm auf die Formel bringen: Die Schrift läßt sich nur dann richtig auslegen, wenn der richtige *Ort* ihrer Auslegung gefunden ist. Dieser Ort aber ist der Messias Jesus und das messianische Gottesvolk, das ganz im Glauben und ganz in der Nachfolge Jesu lebt.

Wenn also die Kirche an ihrem Maßstab festhält, daß sie einmütige Versammlung sein kann, daß es in ihr keine Armen mehr geben darf, daß in ihr die Taten des Messias weitergehen müssen, dann hat sie den richtigen Ort der Schriftauslegung wiedergefunden, dann besteht Strukturkongruenz zwischen den Erfahrungen, welche die biblischen Texte voraussetzen, und den Erfahrungen der heutigen Kirche – und dann braucht man um die rechte Schriftauslegung keine Angst zu haben. Gibt es für die Exegese diesen Ort strukturkongruenter Erfahrung hingegen nicht, so kann sie die Bibel nicht sachgerecht auslegen und ist geradezu gezwungen, Surrogate zu produzieren.

Offenbar erlebte Eugen Drewermann die Exegese nur als ortlos, erfahrungslos und glaubensfern. So griff er zur Tiefenpsychologie, um der Exegese zur Lebensnähe zu verhelfen. Er mußte den Schatz Gottes im Schimmer der eigenen Träume orten, weil er ihn im Herzen der Kirche nicht finden konnte. Was für Bücher könnte ein derart begabter Autor schreiben, wenn er neutestamentlich verfaßte Gemeinde, so wie Lukas sie schildert, erleben würde!